Sobre éstos o temas relacionados,
Fomento Educativo de Querétaro (Fomeq)
ha publicado previamente:

*Dimensiones del comportamiento y la cultura
organizacionales*

La cultura organizacional

*To Be or Not To Be:
A Map of Human Behavior*

*Liderazgo absoluto:
Ruptura y renovación de premisas y de prácticas*

Inducción integral

COMUNICACIÓN
Un replanteamiento radical

Mariano Ortega

fomeq
fomento educativo de querétaro

A

Alfredo M. Cuéllar Cuéllar

y

José Antonio López Maldonado

La parole est moitié à celui qui parle, moitié à celui qui écoute.

Michele de Montaigne
Les essais III, 13, De l'expérience

Ánima,
blanca como la página,
se levanta la palabra.
Anda
sobre un hilo tendido
del silencio al grito,
sobre el filo
del decir estricto
El oído: nido
o laberinto del sonido.
Lo que dice no dice
lo que dice: ¿cómo se dice lo que no dice?

Octavio Paz
La palabra dicha

Ich suche immerfort etwas Nicht-Mitteilbares mitzuteilen, etwas Unerklärbares zu erklären, von etwas zu erzählen, was ich in den Knochen habe und was nur in diesen Knochen erlebt werden kann.

Franz Kafka
Briefe an Milena

Introducción

La comunicación –la acción y el efecto de transferir significado de una persona o entidad a otra– constituye la base de toda vida en relación, de todo tejido social y, por lo tanto, de toda articulación personal, familiar, grupal u organizacional.

Desde siempre, desde antes de la ruptura de la torre de Babel, la comunicación ha estado ahí, uniendo y separando a las culturas y a los seres humanos.

Y de Babel al medievo, las rupturas se siguen generando al interior de lenguas y familias de lenguas; y de la imagen dibujada a mano en papiros y pergaminos –las letras dibujadas– a los procesos digitales de este tercer milenio.

"Ha sido un camino tan inesperado como largo: del juglar medieval, llevando espectáculo y noticia de castillo en castillo, del clérigo copiando y adornando sus viejos manuscritos; de allí a los primeros ejercicios de comunicación masiva: el libro y el periódico, y de éstos al cine y a la radio y vuelta al principio para cerrar el círculo y llegar, otra vez, al juglar, comunicación y espectáculo en versión electrónica: la televisión" y las redes sociales. (Ortega, 1975:iii).

A partir de la segunda mitad del siglo XX pasado, al reconocerse la comunicación como una disciplina autónoma, han proliferado las investigaciones y los estudios en torno a la comunicación humana, personal, grupal, social y masiva. Y a partir de los años setenta de ese mismo siglo, se hicieron extensivos al ámbito de las organizaciones sociales.

La comunicación, así, aparece en disciplinas tan aparentemente dispares como la economía, la ingeniería, la lingüística, la sociología, la psicología, la antropología, etc.

El problema es que los diferentes aspectos –y los hallazgos– de la comunicación estudiados desde disciplinas tan diversas no facilitan, sin embargo, una visión unificada ni un desarrollo estructuradamente constructivo, presumiblemente porque en cada caso predominan las preocupaciones propias de las diversas disciplinas anfitrionas a expensas de la comunicación como un todo.

Este trabajo busca sumarse a los estudios de la comunicación, pero ahora con una postura diametralmente opuesta, en la que, apoyado en esas disciplinas diversas, con perspectivas ingenieriles, lingüísticas, comunicativas, organizacionales, antropológicas y literarias, el estudio se enfoque total y exclusivamente en la comunicación misma.

Esta integración de perspectivas hace posibles tanto una serie de propuestas como de análisis alternos que clarifican el proceso de comunicación humana tanto a nivel personal como grupal y fortalecen su comprensión y su manejo.

El libro propone un replanteamiento radical de la comunicación humana: Al situar los modelos ingenieriles y comunicativos en un contexto plenamente dimensional y acotarlos con aportaciones organizacionales, lingüísticas, literarias y antropológicas, la comunicación deja de verse exclusivamente como un proceso racional y unívoco determinado por el emisor para comprenderse como un proceso multidimensional, potencialmente multívoco o polisémico, finalmente determinado y dotado de significación por el receptor.

Este replanteamiento afecta drásticamente las premisas generalmente utilizadas para la comunicación, sea a nivel personal, grupal, social u organizacional.

Las intenciones del emisor al codificar y enviar un mensaje no necesariamente se convierten en realidad –o en la misma realidad– al llegarle al receptor para quién, en última instancia se ha generado el mensaje.

El significado que el emisor cree haber transferido al receptor no puede siempre asegurar su recepción ni aun apoyándose en los mecanismos de retroalimentación, cuando éstos existan o sean factibles.

Aunque a nivel estrictamente racional y para la transmisión de datos del entorno, el potencial de concordancia entre significados enviados y recibidos aumenta considerablemente –especialmente cuando el proceso se apoya en mecanismos efectivos de retroalimentación– a niveles menos racionales y menos fácticos –como suelen ser la mayoría de los intercambios comunicativos– ese potencial disminuye y las posibilidades de significados plurales y diferentes aumentan.

Si la racionalidad y los datos se contemplaran como un extremo de un continuo comunicativo, en el otro extremo quedarían los mensajes simbólicos o las creaciones artísticas o poéticas que maximizan a tal grado la polisemia que un mismo receptor puede descubrir significados diferentes en cada uno de los contactos que tenga con el mensaje o con la obra a lo largo del tiempo.

En otras palabras, los contenidos mismos de un mensaje van a orientar significativamente el potencial de concordancia entre lo enviado y lo recibido, pero –en estricto sentido– no lo determinan.

Como se ha dicho, a niveles menos racionales y más personales, más políticos o más simbólicos ese potencial de concordancia no sólo se reduce considerablemente, sino que puede llegar a ser poco significativo.

En muchos sentidos y de manera más general, la comunicación podría verse simplemente como "esos actos por los que un organismo activa, provoca o pone en movimiento a otro" (Hockett, 1958:573).

Adicionalmente, el mensaje se verá afectado por lo que busca o espera de él el receptor; por la imagen previa que éste tenga del emisor; así como por su propio marco interpretativo –sea o no un marco compartido con su comunidad (Iser, 1974; Fish (1980).

La recepción de un mismo mensaje va a ser totalmente diferente si el receptor lo aborda o lo atiende como información, como expresión, como documentación, como manipulación o como revelación.

En suma, la comunicación humana no es ese proceso lineal y unívoco que, consciente o inconscientemente, suponemos que es –una postura generalmente no sometida al menor cuestionamiento ni la menor duda– pero que determina nuestras estrategias de comunicación como emisores, a nivel personal, social, grupal u organizacional.

El replanteamiento radical aquí propuesto, se apoya en aportaciones que, aunque aisladas y dispersas, han estado ahí por muchos años: Los trabajos de Edward Tylor datan de 1871; los de Louise Rosenblatt, de 1938; los de William Wimsatt y Monroe Beardsley, de 1946; los de Herbert Simon, de 1947 (ampliados posteriormente con James March en 1958); los de Claude Shannon y Warren Weaver, de 1948 y 1949; los de Alfred Kroeber y Clyde Kluckhohn, de 1952; los de Bruce Westley y Malcolm MacLean, de 1957; los de Roman Jakobson, de 1970; los de Wolfgang Iser, de 1974; los de Geert Hofstede, de 1980; los de Edgar Schein, de 1984.

Es evidente, pues, que estas aportaciones distan mucho de ser nuevas. La novedad de este trabajo está no en las propuestas aisladas en sí, sino en la integración de propuestas y enfoques de disciplinas tan dispares como la ingeniería y la literatura; la antropología, la administración y la lingüística para construir con ellas una nueva y más precisa visión de la comunicación.

Esta integración, permite, así, una mirada nueva, multidisciplinaria y totalizadora que genera una comprensión más precisa y rigurosa de la comunicación humana, con todos los diversos matices de su realidad cotidiana.

El primer capítulo, *Elementos para un replanteamiento*, revisa separadamente cada uno de las aportaciones a la comunicación de diversas diciplinas con las que se constituyen los elementos básicos para este replanteamiento y analiza cada una de las propuestas ingenieril, comunicativa, organizacional, literaria, lingüística, antropológica y dimensional.

El segundo capítulo, *Replanteamiento radical,* las conjuga al irlas integrando paulatina y secuencialmente de tal manera que van adquiriendo tintes, potencialidades y rasgos adicionales al conjuntarse las unas con las otras.

Así, a partir de la propuesta ingenieril básica se van sumando las propuestas comunicativa, organizacional, literaria, lingüística, antropológica y dimensional.

El tercer capítulo, *Modelo conceptual de comunicación humana,* presenta el nuevo modelo conceptual de comunicación humana resultado de ese replanteamiento y atiende cada uno de sus componentes: El contexto cultural y las figuras del emisor, del mensaje y del receptor.

Revisa las implicaciones de las culturas y las subculturas en el evento comunicativo.

Analiza la figura del emisor y cuestiona la centralidad con la que, hasta ahora se le ha manejado.

Discute la dimensionalidad de los mensajes y explora las contribuciones independientes de la comunicación racional, personal, estructural, política y simbólica.

Finalmente, redescubre la figura –ahora central– del receptor y analiza los procesos de recepción de mensajes con los que finalmente los mensajes alcanzan su plena significación.

Contenido

1. Elementos para un replanteamiento

El punto de partida surge de la ingeniería de transmisiones telefónico-telegráficas con el modelo matemático de comunicación (Shannon, 1948; Shannon y Weaver, 1949), considerado como el modelo de modelos.

Este modelo se complementa con los aportes de las –entonces recién nacidas– ciencias de la comunicación con la incorporación del entorno en el que se da la comunicación y la distinción entre comunicación interpersonal y comunicación masiva (Westley y MacLean, 1957).

Las ciencias de la administración, y en especial las investigaciones en torno a las organizaciones sociales, contribuyen con sus acotaciones en torno a la racionalidad limitada tanto de emisor como de receptor y en la selección de contenidos por parte de ambos (Simon, 1947; March y Simon, 1958).

La lingüística proporciona distinciones claves entre mensajes dependiendo de los contenidos que atienden y las variantes lingüísticas que utilizan (Jakobson, 1960).

La antropología cultural permite situar este modelo en una cultura que determina y define lo que se atiende y lo que se ignora; lo que se dice y calla; los roles y funciones de emisor y receptor; y la naturaleza y los canales de los mensajes (Tylor, 1871; Kluckhohn, 1961; Hofstede, 1980).

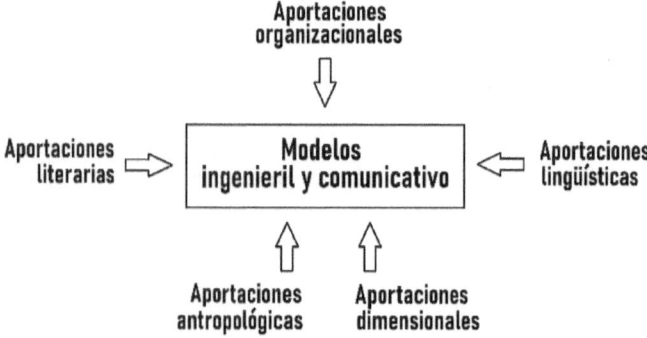

Dentro del mismo campo de la administración, las dimensiones del comportamiento y la cultura organizacionales (Ortega, 1982; 2015), por su parte, modifican de raíz la concepción del entorno en el que se sitúan y se entienden tanto los seres humanos como las organizaciones sociales al ubicarlos en un contexto dimensional, en la que las cinco dimensiones –racional, personal, estructural, política y simbólica– están siempre presentes e interactuando entre sí.

Esta concepción conlleva a reconocer que cada persona, organización, cultura, etc., posee un *perfil dimensional* singular propio (Ortega, 1982; 2015; 2017); lo que caracteriza, asimismo, a la comunicación y a sus procesos en cada una de sus instancias.

La teoría literaria, finalmente, cuestiona no sólo el dominio del emisor y de sus intenciones para la interpretación del mensaje (Wimsatt y Beardsley, 1946), sino que hace recaer en el receptor esa interpretación final (Iser, 1974, 1978) porque finalmente es lo que surge de la transacción entre el receptor y el contenido del mensaje (Rosenblatt, 1938, 1978).

Así, los modelos ingenieril y comunicativo originales, de los que se parte, se van acotando con las aportaciones organizacionales, literarias, lingüísticas, antropológicas y dimensionales.

1.1 La propuesta ingenieril

El punto de partida, el modelo del que parten todos los modelos de comunicación posteriores, es el que surge de la *Teoría matemática de comunicación* de Claude H. Shannon (1948), conocido como el modelo de Shannon y Weaver (1949).

El modelo está constituido por siete elementos básicos: 1. Una fuente de información; 2. Un mensaje; 3. Un transmisor: 4. El canal o medio por el que se transmite la información; 5. Una fuente de ruido que potencialmente afecta ese canal; 6. Un receptor; y 7. El destino: "la persona (o entidad) a la que se destina el mensaje".

El modelo de Shannon y Weaver

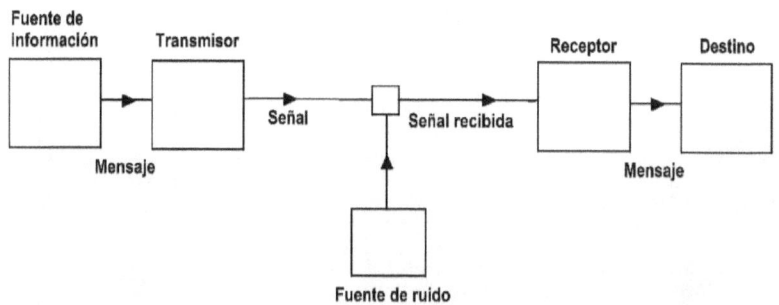

(Shannon, 1948; Shannon y Weaver, 1949)

De acuerdo con el modelo, una fuente de información genera un mensaje que es codificado y convertido en una señal por un transmisor. Esta señal se envía por un canal que puede añadir ruido (es decir señales adicionales no buscadas ni deseadas). Por ello, una fuente de ruido constituye un elemento clave del modelo.

Una vez recibida, la señal es, a su vez, decodificada y reconvertida en mensaje por un receptor y este mensaje es entregado finalmente a su destinatario.

Concebido para la comunicación telefónica y telegráfica, el modelo incluye instrumentos que codifican (transmisor) y decodifican (receptor) el mensaje original.

Para enfrentar las distorsiones potenciales del ruido en los canales de transmisión, Shannon y Weaver proponen un sistema correctivo en el que un observador (o un dispositivo auxiliar) coteja la señal enviada y recibida e insertan un dispositivo corrector entre el receptor y el destino o destinatario, que recibe esas correcciones para subsanar la distorsión.

Aunque el ruido contemplado por el modelo se refiere fundamentalmente a distorsiones eléctricas generadas por la red, el modelo incorpora la existencia potencial de interferencias en todo proceso de comunicación generadas por el canal, cualesquiera que sean los canales que se utilicen.

Este modelo de Shannon y Weaver se convierte no solo en la base de las ciencias de la comunicación sino en los cimientos sobre los cuales muchas otras disciplinas habrán paulatinamente de ir integrando el concepto de comunicación en sus respectivos estudios e investigaciones particulares.

En suma, el modelo de Shannon y Weaver:

1. Ofrece un primer mapa conceptual del proceso de comunicación y de los seis elementos centrales que lo constituyen: fuente de información o emisor, mensaje, transmisor, señal, ruido y sus fuentes, receptor y destino o destinatario.

2. Concibe y atiende la comunicación como un proceso lineal y unívoco centrado enteramente en la fuente de información o emisor.

3. Incorpora el ruido como variable significativa en los procesos de comunicación y, aunque originalmente la referencia central pudo concentrarse en las interferencias eléctricas en los sistemas de transmisión, el ruido es una variable potencialmente significativa en toda comunicación.

4. Contempla la posibilidad de un mecanismo corrector que asegure que lo recibido corresponde a lo enviado, aunque no es propiamente una retroalimentación ni se genera por parte del destino o destinatario.

1.2 La propuesta comunicativa

En 1957, Westley y MacLean proponen un modelo de comunicación humana que incorpora dos elementos adicionales al modelo de Shannon y Weaver, entorno comunicativo y retroalimentación, mientras que excluye tres, codificación, decodificación y ruido.

El modelo básico de comunicación humana

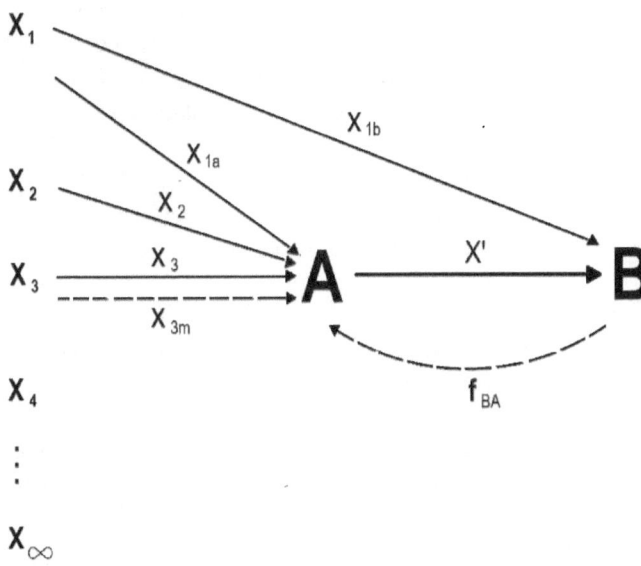

**Modelo de Westley y MacLean
para comunicación cara a cara**

(Westley y MacLean, 1957)

El modelo básico de Westley y MacLean (1957) queda constituido así, por un entorno común que provee de referentes y de datos (X) al emisor (A), que informan un mensaje (X'), que le llega a un destinatario o receptor (B), que puede retroalimentar (f_{BA}) al emisor (A).

El modelo hace hincapié en que lo que se transmite (X') no puede ser ni el objeto ni el evento mismos sino una abstracción de éstos convertida en algo transmisible.

Adicionalmente, el emisor (A) selecciona, consciente o inconscientemente, de entre los eventos u objetos de su entorno aquéllos que desea transmitir o que considera relevantes para sí (A) o para el receptor (B).

Al situar explícitamente su modelo en un entorno comunicativo, Westley y MacLean enfatizan la importancia del marco o medio ambiente en el que se sitúan los procesos de comunicación humana y analizan los casos de comunicación cara a cara en los que ambos, emisor y receptor tienen acceso directo a los mismos datos.

Incorporan el concepto de retroalimentación, mediante el cual, el receptor, convirtiéndose en emisor envía un mensaje de reacción al emisor original, convertido ahora en receptor.

Así, la retroalimentación no es sino el mismo proceso de comunicación en el que se han invertido los papeles y el receptor es ahora el emisor; y emisor es ahora el receptor.

Los datos o referentes (Xs) seleccionados por el emisor (A) e incorporados en su mensaje (X') pueden o no incluir los datos o referentes (X_{1b}) a los que el receptor (B) tiene también acceso directo. La retroalimentación (f_{BA}) puede ser un mensaje enviado a propósito o un acto reflejo sin intención.

Aunque Westley y MacLean no mantienen el ruido como variable en su modelo –variable incluida en el modelo de Shannon y Weaver

(1949)– el ruido –entendido como todo tipo de interferencia– existe potencialmente en todo proceso de comunicación y se puede dar en todos y cada uno de los medios utilizados (electrónicos, lingüísticos, etc.) para transmitir un mensaje.

[Por ejemplo, las faltas gramaticales o de ortografía en un mensaje escrito; o de pronunciación o dicción, en un mensaje oral, constituyen ruidos en el proceso de comunicación porque, al desconcertar al receptor, dificultan, retrasan, impiden o trastocan su recepción del mensaje.]

En su modalidad cara a cara, el receptor puede cotejar directamente el mensaje con los referentes en su contexto; en su modalidad masiva, este cotejo puede darse indirectamente, cuando el receptor los recibe por otros medios (periódico, televisión, internet, etc.); aunque puede, también no darse.

Deben ser patentes dos diferencias fundamentales entre las modalidades masiva o cara a cara: En la modalidad cara a cara se involucra un mayor número de sentidos y la retroalimentación puede darse de manera inmediata; en la modalidad masiva, en cambio, se reduce el número de sentidos involucrados y la retroalimentación se minimiza o se difiere (Westley y MacLean, 1957).

Adicionalmente, Westley y MacLean distinguen entre mensajes deliberados (o con un propósito ulterior) y mensajes no deliberados. En los primeros, el emisor busca influir en la conducta resultante del receptor; en los segundos, en cambio, no hay intento alguno de influir en el receptor.

Esta distinción se aplica también a la retroalimentación: Cuando el receptor busca responder, corregir o acotar al emisor, se considera un mensaje deliberado o a propósito; cuando simplemente reacciona, o actúa, pero no en referencia al emisor (por ejemplo, al comprar un producto alabado o anunciado por el emisor), se considera un mensaje no deliberado o sin intención.

Westley y MacLean establecen, asimismo, una diferencia comunicativa entre los elementos afectivos y cognitivos contenidos en un mensaje.

La poesía y las artes enfatizan lo afectivo; mientras que los mensajes en otras áreas tienden a concentrarse en lo cognitivo.

En suma, el modelo de Westley y MacLean:

1. Se enfoca en la comunicación humana, tanto en la comunicación cara a cara, como a la comunicación masiva y enfatiza cuatro elementos: entorno, emisor, mensaje y receptor.

2. Integra el entorno como variable significativa y lo propone como el punto de partida de todo proceso de comunicación, en vez de adjudicarlo a la figura del emisor.

De hecho, una primera instancia de comunicación es la que se da entre el entorno y el emisor (A), en ese momento operando como receptor, recibiendo selectivamente (según su cuadro de atención) los elementos de su entorno (X).

3: Incorpora el mecanismo de la retroalimentación y, al humanizar el proceso, desatiende la codificación, la decodificación y el ruido y sus fuentes –incluidos en el modelo de Shannon y Weaver.

El ruido, sin embargo, constituye una variable potencialmente significativa en todo proceso de comunicación incluyendo la comunicación humana.

4. Distingue entre los mensajes no deliberados o sin intención y los mensajes deliberados o con propósito ulterior que buscan una determinada reacción o un comportamiento específico por parte del receptor.

5. Distingue los elementos afectivos y los elementos cognitivos de un mensaje y los asocia a diferentes áreas del saber y de la actividad humana.

6. Constituye un modelo aplicable no solo a la comunicación interpersonal, sino a la comunicación grupal, organizacional y masiva.

1.3 La propuesta organizacional

Del ámbito de la ingeniería, el modelo de Shannon y Weaver (1949) es incorporado a las ciencias sociales en general (Deutsch, 1951; 1952; Dorsey, 1957) y al incipiente campo de las organizaciones y de su administración, integrándolo a las aportaciones –en ese momento contemporáneas– de Herbert Simon.

Durante la primera mitad del siglo XX, la cultura organizacional imperante estaba marcada por las teorías de Taylor (1911) y Fayol (1916), aún después de los estudios de Hawthorne y sus aportaciones (Mayo, 1933).

La visión dominante de la administración era una visión racional, eficientista, enfocada monolíticamente a la consecución unívoca y exclusiva de objetivos, la optimización de recursos; y la maximización de logros.

Todos los elementos involucrados en la organización, sin embargo, se manejaban, en una abstracción tan artificial como inconsciente de personas y de procesos, como variables en una ecuación sujeta a operaciones de maximización matemática.

Simon y March buscan, precisamente, eliminar "las artificialidades" de las teorías clásicas que contemplan a los empleados como instrumentos; y a los procesos organizacionales como exclusivamente racionales y cuasi matemáticos.

Para ello, incorporan la noción, avanzada por Mayo (1933) y los estudios de Hawthorne, de que los miembros de la organización tienen "deseos, motivadores y empeños personales propios y tienen limitaciones en sus conocimientos y en sus capacidades para aprender y para resolver problemas" (March y Simon, 1958:136).

Tanto esos intereses como esas limitaciones personales los alejan del modelo racional y cuasi matemático, artificialmente utilizado, y lo vuelven inoperante.

Simon (1947), al concebir la administración como centrada en la toma de decisiones, advierte que las personas no tienen ni toda la información ni los procesos mentales ni el tiempo que les permitirían maximizar logros u optimizar su toma de decisiones (como suponían las teorías de administración hasta ese momento); que lo que hacen, en cambio, es analizar posibilidades hasta encontrar la primera alternativa satisfactoria y por ella decidirse.

Esta toma de decisiones va a depender del patrón de comunicaciones establecido por la organización, para alimentarla e informarla; para facilitar la integración y la coordinación del trabajo; y para mejor responder a las necesidades sociales de comunicación.

Esta comunicación, sin embargo, está acotada tanto por un vocabulario particular como por esquemas de clasificación de la información propios de cada organización, que generan "un conjunto de conceptos a utilizar para analizar y para comunicar problemas [...] por lo que los miembros de la organización tienden a percibir el mundo en términos de esos conceptos particulares" (March y Simon 1958: 164-165).

Y esta práctica no se limita, de ninguna manera, sólo a las organizaciones, sino que se repite en todo grupo familiar o social; en toda cultura y subcultura distintiva: La percepción del mundo y su comunicación correspondiente quedan circunscritos al conjunto de conceptos particulares de esa cultura (Ortega, 2016).

Adicionalmente, March y Simon (1958:165) reconocen una tendencia hacia la absorción de la incertidumbre, que se da cuando se hacen inferencias a partir de datos y evidencias, por lo que se comunica son las inferencias y no las evidencias y los datos mismos.

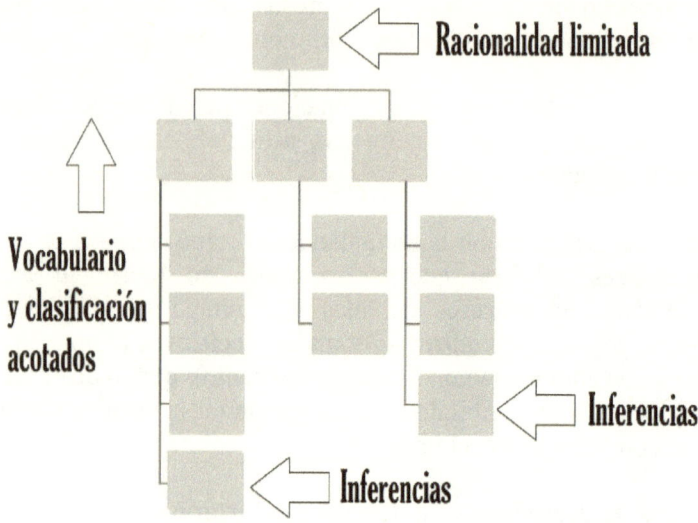

En suma, las aportaciones de Simon y March permiten, reconocer que en las organizaciones –y, por extensión, en todo grupo social:

1. La toma de decisiones no es un proceso matemático caracterizado por la maximización y la optimización de logros y recursos, sino que concluye con la primera opción satisfactoria con que se encuentran los tomadores de decisiones.

La ruptura del mito de la optimización y la maximización y su sustitución por la primera opción satisfactoria en la toma de decisiones constituye una de las aportaciones fundamentales que, de ninguna manera, se limita al ámbito de las organizaciones sociales.

[Este concepto de racionalidad limitada de Simon (1947), se ha ido extendiendo paulatinamente a otras disciplinas y aún setenta años después, el premio Nobel en Economía 2017 le fue otorgado a Richard H. Thaler por haber "incorporado premisas psicológicamente realistas en los análisis de la toma de decisiones económicas. Al explorar las consecuencias de la racionalidad limitada, las preferencias sociales y la falta de autocontrol, [Thaler] ha demostrado cómo estos rasgos humanos afectan sistemáticamente las decisiones individuales, así como los resultados del mercado".]

2. La estructura organizacional es el vehículo indispensable para hacer posible la racionalidad limitada (Simon, 1957; Thompson, 1967:54).

3. La comunicación es esencial para informar esa toma de decisiones. Sin embargo, esta comunicación está acotada tanto por el vocabulario, como por los esquemas de clasificación de la información que un grupo específico, una organización, o una cultura ha diseñado para mejor entender su mundo y su contexto y para mejor entenderse y comunicarse entre sí.

4. Esta comunicación se ve, adicionalmente, acotada por una tendencia humana hacia la absorción de la incertidumbre, por la que los datos y las evidencias recabados acaban por reducirse a las inferencias que generan en el emisor que los comunica.

Así, a las limitaciones en la racionalidad se suman tanto las limitaciones en el léxico y en los esquemas clasificatorios para procesar y entender datos y referentes; como la tendencia humana a la absorción de la incertidumbre, comunicando inferencias en lugar de los datos originales que las generaron.

1.4 La propuesta literaria

Hasta principios de los años 40 del siglo XX, podría decirse que los estudios literarios se enfocaban en los autores, su psicología, su biografía, su contexto social, etc.

En términos de las ciencias de la comunicación, podría decirse que su foco de atención estaba centrado en el emisor. El mensaje (la obra literaria) no se abordaba sino como una herramienta más para explorar la vida, las preocupaciones, las influencias, etc., de su emisor (autor), para conocerlo y entenderlo.

Se buscaba interpretar su mensaje (la obra literaria) de acuerdo con la intención original del emisor (el autor): ¿qué quería o qué intentaba decirnos?

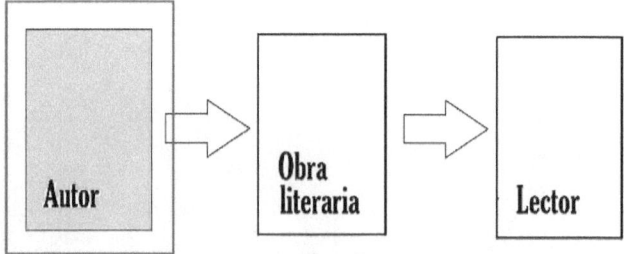

Entre 1910 y 1930 en Rusia y entre 1940 y 1960 en los Estados Unidos surgieron dos movimientos que rechazaron ese enfoque centrado en el autor (emisor) para concentrarse totalmente en la obra literaria (mensaje) con total independencia del autor y de sus intenciones originales.

Desde distintos ángulos, pero compartiendo premisas y valores, ambos movimientos coincidieron en desentenderse del autor (emisor) para concentrarse en la obra literaria (mensaje) y estudiar los mecanismos que permitían transformar el lenguaje en un objeto estético.

Lo que el autor (emisor) intentaba decir carecía de valor (Wimsatt y Beardsley, 1946). No valían las intenciones; importaba lo dicho. Tanto para los formalistas rusos como para la Nueva Crítica estadounidense, la obra literaria se constituía así en una creación lingüística, autónoma e independiente de su autor (Tinianov, 1975; Todorov, 1978; Brooks, 1979).

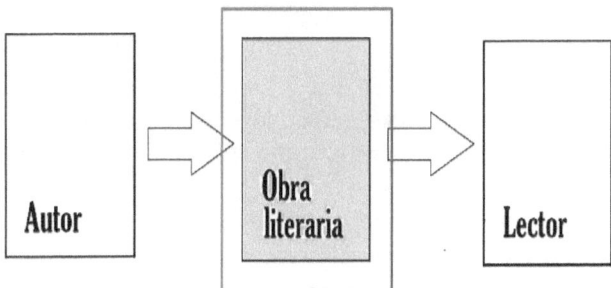

En otras palabras, tanto los formalistas rusos como la Nueva Crítica estadounidense vuelven a enfocar la atención en el mensaje en sí y en él concentran sus teorías y sus estudios.

Buscan analizar en detalle ese mensaje (la obra literaria) para identificar los recursos y mecanismos lingüísticos y literarios que permitían convertir el lenguaje cotidiano en una obra con valor estético.

Por otra parte, ya desde 1938, Louise Rosenblatt había hecho hincapié en que la obra literaria, "el poema, la novela, la obra de teatro, no son sino manchas de tinta en páginas y páginas. Es el lector [receptor] quien les da vida al transformarlas en símbolos significantes al entrar en relación con ellas (Rosenblatt, 1938:25).

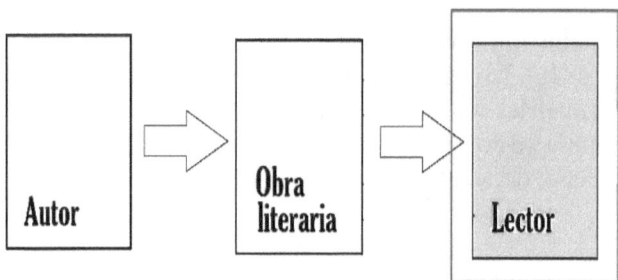

El lector [receptor] aporta en cada momento su personalidad y su experiencia en este proceso interactivo o transaccional entre obra y lector que finalmente genera significado (Rosenblatt, 1938; 1978).

Esta postura se mantiene independientemente de si se supone que el lector (receptor) es o no miembro de 'comunidades interpretativas' (Fish, 1980) o aborda la obra (mensaje) con sus propios 'horizontes de expectativas' (Jauss, 1982) que lo dotarían de marcos compartidos para la interpretación de las obras.

En otras palabras, aunque conservando la importancia del mensaje, Rosenblatt se enfoca en el receptor (lector) como la figura que le da plena validez y significación.

Aunque tardaría 30 años más en constituirse en una teoría literaria, este cambio de paradigma culmina con las obras de Wolfgang Iser y su Teoría de la Recepción (Iser, 1974; 1978; 2000), que complementa las propuestas de Hans Robert Jauss (1982) y que en vez de preguntarse 'qué significa una obra literaria' [mensaje], se pregunta 'qué efectos genera en el lector' [receptor].

En esta visión, el receptor (lector) no busca descifrar significados objetivos unívocos y universales insertos en la obra literaria (mensaje); sino que ésta genera efectos significantes en el punto de encuentro entre mensaje (obra literaria) y receptor (lector).

Es en este punto de encuentro entre el mensaje (la obra literaria) y el receptor (el lector) que se desencadena la significación del mensaje a la que ambas partes han contribuido (Iser, 1978).

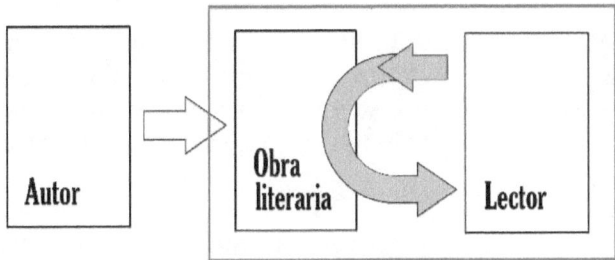

La obra literaria alcanza su plenitud en el punto de encuentro entre texto (mensaje) y lector (receptor) (Iser, 1974).

Así, el mensaje (la obra literaria) sólo adquiere significado en su encuentro con el receptor (lector).

En ese momento se da la fusión de horizontes (Gadamer, 1975) del receptor y el mensaje.

En suma, la propuesta literaria:

1. Propone un modelo que centra la atención en el punto de encuentro entre el mensaje y el receptor.

2. Trastoca el modelo tradicional de comunicación –incuestionado e incuestionable– centrado en el emisor para centrarlo en el receptor en su encuentro con el mensaje.

3 Pone al descubierto la importancia central del receptor en el establecimiento de la significación final de los mensajes.

Aunque evidenciado en el ámbito de la literatura y de las obras literarias, este reconocimiento se extiende a todo proceso de comunicación.

4. Correlaciona implícitamente contenidos del mensaje con la centralidad del receptor para su interpretación final que, aunque presente en todo momento, se incrementa en relación directa con la polisemia potencial del mensaje –que alcanza su nivel máximo en las obras literarias.

El hecho de que los mensajes puedan situarse en diversos lugares del continuo unívoco-equívoco o polisémico y que a mayor univocidad en el mensaje (obra literaria) mayor el potencial de concordancia entre lo enviado por el emisor (autor) y lo recibido por el receptor (lector); no cambia la realidad de que, independientemente de la naturaleza del mensaje, es el receptor quien en última instancia establece su significación final.

1.5 La propuesta lingüística

Atendiendo contenidos, pero ahora desde el campo de la lingüística, en los años sesenta del mismo siglo XX, Roman Jakobson –uno de los formalistas rusos originales– propone un modelo de comunicación en función de la naturaleza del mensaje:

Modelo de comunicación de Jakobson

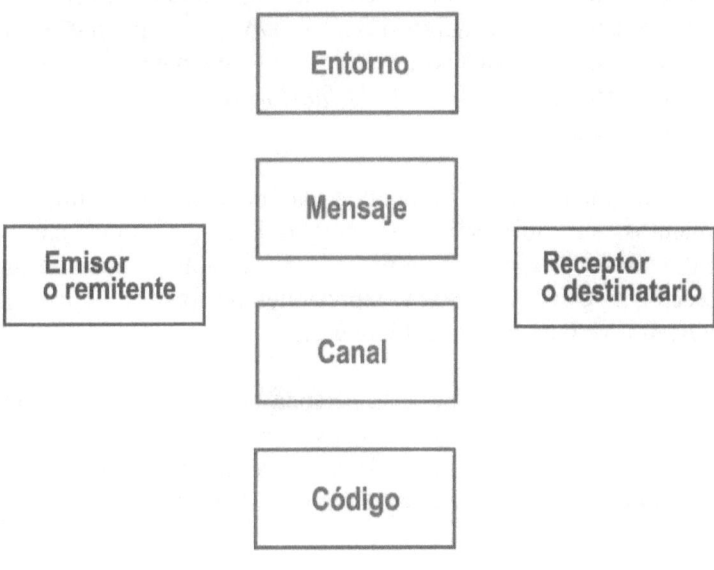

(Adaptado de Jakobson, 1960)

El modelo está integrado por seis factores: 1. El emisor o remitente que envía el mensaje; 2. El receptor o destinatario del mensaje, quien lo recibe; 3. El entorno en el que suceden los hechos o que contiene los datos que el receptor busca transmitir; 4. El mensaje en el que los transmite; 5. El canal por el que circula el mensaje; y 6. El código común a emisor y a receptor, utilizado para cifrarlo (Jakobson, 1960).

"Cada una de estos seis factores determina una función diferente del lenguaje" (Jakobson, 1960:66) dependiendo del factor dominante en cada caso.

"Difícilmente encontraríamos un mensaje con una sola función. Su diversidad radica no en el monopolio de una sino en una jerarquización diferente de las seis funciones. La estructura verbal del mensaje depende primordialmente de la función que predomine" (Jakobson, 1960:66).

Cuando el mensaje se orienta al entorno y a los datos contenidos en éste, el lenguaje es afirmativo o declarativo; generalmente utiliza la tercera persona del indicativo; y su asunto está plenamente sujeto a pruebas de veracidad; se trata de *la función referencial*, denotativa o cognitiva del lenguaje.

Cuando el mensaje se orienta a la persona del emisor, sus sentimientos, sus opiniones, sus inquietudes, sus impresiones, etc., generalmente utiliza la primera persona del singular y tiende a incluir interjecciones, exclamaciones y expresiones personales; se trata de *la función emotiva* o expresiva del lenguaje.

Cuando el mensaje se orienta a la persona del receptor, generalmente utiliza el modo imperativo o el vocativo; no está abierto a pruebas de veracidad; y generalmente utiliza la segunda persona del indicativo; se trata de *la función conativa* o perlocutiva del lenguaje.

Cuando el mensaje se orienta a la conexión o canal; buscando asegurarse de establecerla, prolongarla o interrumpirla; de que funciona; y de que se tiene el contacto con el receptor, así como su atención; se trata de *la función fática* del lenguaje,

Funciones del lenguaje de Jakobson

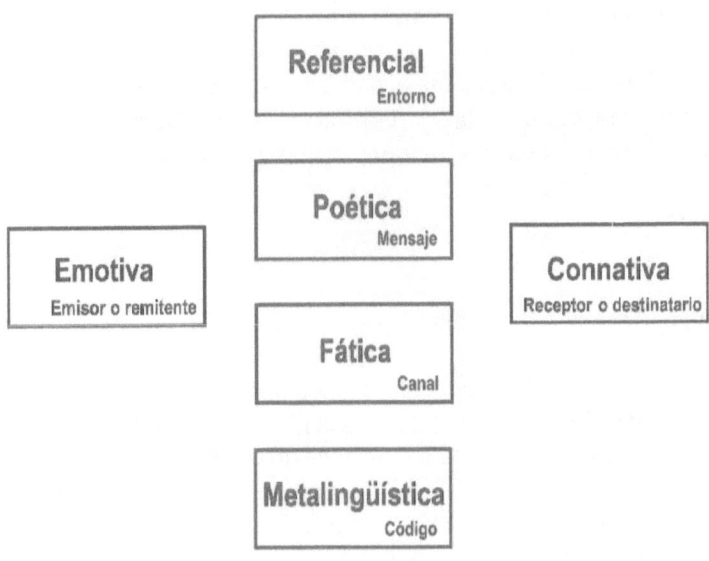

(Adaptado de Jakobson, 1960)

Cuando el menaje se orienta al lenguaje mismo, lo analiza, lo profundiza, lo explica, lo glosa, se trata de *la función metalingüística* del lenguaje.

Finalmente, cuando la comunicación se orienta al mensaje en sí, al mensaje como tal; y no a elementos o factores externos a él; cuando el lenguaje es y no sólo significa; cuando fondo y forma se convierten uno en el otro; se trata de *la función poética* del lenguaje.

Las seis funciones siempre están presentes. Como se ha dicho, es la supremacía o el predominio de una sobre las otras la que permite identificar una comunicación como referencial, emotiva, fática, conativa, metalingüística o poética.

Como todas las demás funciones, la función poética está presente en todos los mensajes y de ninguna manera se limita a la poesía o a las obras literarias.

En poesía, y en literatura en general, tendrá la supremacía, pero es importante destacar que "la supremacía de la función poética por sobre la función referencial no elimina la referencia, sino que la torna ambigua" (Jakobson, 1960:350).

En suma, el modelo de Roman Jakobson:

1. Propone un modelo de comunicación de seis factores (emisor, entorno, mensaje, canal, código y receptor) y distingue, a diferencia del modelo de Westley y MacLean, el canal del código.

Aunque el modelo no lo establezca explícitamente como variable independiente, debe ser evidente que tanto el canal como el código están, potencialmente, sujetos al ruido.

2. Reconoce seis funciones lingüísticas diferentes, cada una específicamente asociada a uno de esos seis factores: La función referencial se enfoca en el entorno y sus datos; la emotiva, en el emisor; la conativa en el receptor; la fática, en el canal; la metalingüística, en el código; y la poética en el mensaje.

3. Indica que en todo mensaje, una de estas funciones es la función predominante pero que todas las demás están siempre presentes, aunque con un presencia subsidiaria o accesoria.

4. Establece que la estructura verbal de un mensaje depende fundamentalmente de la función lingüística predominante.

5. Rechaza que la función poética se limite a la poesía, o que la poesía se reduzca a la función poética, dado que "la función poética no es la única función del arte verbal sino sólo la función dominante o determinante, mientras que en todas las demás áreas del saber o la actividad humana su presencia es subsidiaria o accesoria" (Jakobson, 1960:361).

1.6 La propuesta antropológica

Edward Burnett Tylor, considerado el fundador de la Antropología Cultural, define la cultura como "ese todo complejo en el que se integran conocimientos, creencias, arte, moralidad, derecho, costumbres y todas las demás capacidades y hábitos adquiridos por el ser humano en cuanto ente social" (Tylor, 1871:1).

En ese 'todo complejo' quedan incluidos no sólo los lenguajes y las estructuras comunicativas, sino lo que del contexto o entorno se reconoce y atiende; lo que se ignora u omite; lo que puede decirse; y la manera para decirse (Kluckhohn, 1961).

En los años 50 y 60 del siglo pasado, se desarrollan en la Universidad de Birmingham Inglaterra, en un campo interdisciplinario –integrado por la antropología, la sociología, las ciencias políticas y la historia– los llamados Estudios Culturales, enfocados originalmente en las culturas populares y en sus diferencias y distancias con respecto a la alta cultura.

A partir de ahí el campo interdisciplinario se ha venido ampliando, llegando a convertirse en los años 90 del mismo siglo pasado en 'una actividad central en las humanidades que estudia "desde Milton a Madonna; desde Shakespeare hasta las telenovelas (Culler, 1997:42) para incluir aspectos raciales, ideológicos, de género, de orientación sexual, de clase social, etc.

Aunque la definición original de cultura de Tylor constituyó *la* definición de cultura por más de 30 años, en la primera mitad del siglo XX principiaron a multiplicarse las definiciones en las que Kroeber y

Kluckhohn, sin embargo, detectan constancias y coincidencias: La cultura "es un producto; es histórica; incluye ideas, patrones de conducta y valores; es selectiva; es aprendida; se basa en símbolos; y es la abstracción de comportamientos y de los productos de comportamientos [....] Todas las culturas hacen abiertamente evidentes las formas de comportarse, de sentir y de reaccionar" (1952;157).

Durante la década de los 70 y principios de los años 80 del mismo siglo XX pasado, la antropología cultural cobró un nuevo énfasis en las ciencias de la administración para ocuparse de las culturas organizacionales (Hofstede, 1978a, 1978b, 1980; Ortega, 1982; Schein, 1984, 1985; Deal y Kennedy, 1984).

Entre 1968 y 1972, Geert Hofstede llevó a cabo –para IBM– uno de los estudios de campo más amplios realizados hasta ahora en torno a la cultura, cubriendo a más de 116,000 personas de 40 países diferentes (Hofstede 1980:9-11).

Significativamente, los resultados del trabajo de Hofstede confirman empíricamente las percepciones generalizadas –aunque previamente con una base meramente intuitiva– de culturas regionales o etnohistóricas como la iberoamericana, la escandinava, la anglosajona, etc.

Aunque sus conclusiones se enfocan en culturas nacionales, los *Índices* de Hofstede son aplicables a toda cultura, sea familiar, grupal, organizacional, etc.

Hofstede concibe la cultura como *la programación colectiva de la mente que distingue a los miembros de un grupo humano de otro* (1980:25).

Por su parte, la visión dimensional (Ortega, 1982, 2016) define la cultura como la *manera particular y diferenciada de un conjunto de personas para ver, comprender y actuar, tanto en relación al mundo en el que individual y colectivamente están inmersas, como en relación a sí mismas, en tanto individuos y en tanto colectividad.*

Esta *manera particular y diferenciada* implica una serie de valores, premisas y supuestos compartidos que sustentan acciones y comportamientos o fundamentan posturas, filosofías y manifiestos; un grado de congruencia entre los que sustentan aquéllos y los que fundamentan éstos; y un grado de consistencia interna en unos y en otros (Ortega, 2016:17-18).

Estos valores, premisas, supuestos y prácticas o comportamientos por sus afinidades se agrupan naturalmente en cinco dimensiones internamente unitarias y coherentes, distintivas y diferentes entre sí, que se presentan y discuten en la sección siguiente.

Además de estar constituida por una integración particular *sui generis* de esas cinco dimensiones, para la caracterización de una cultura se distinguen, adicionalmente, niveles, componentes y grados de congruencia y consistencia interna.

Las culturas tienen dos niveles (evidente y subyacente); dos componentes (operantes y postulante) y diversos grados de congruencia y de consistencia interna.

El nivel evidente de una cultura está constituido por todos los elementos visibles de esa cultura (comportamientos, productos, manifiestos, explicaciones, discursos, creaciones, artefactos, construcciones, etc.). El nivel subyacente, por el contrario, queda oculto e incluye todo lo que motiva, generar, valora, gobierna esos elementos visibles pero que, al estar latente y profundo, sólo puede ser inferido a partir de ellos.

El componente operante se enfoca en la parte actuante de la cultura; en la cultura en acción y comprende tanto al nivel evidente (conductas, acciones y comportamientos reales; productos tangibles; creaciones físicas, etc.) como al nivel subyacente (valores, premisas, supuestos que generan y que gobiernan esos comportamientos, productos, etc.).

El componente postulante se enfoca en la cultura suscrita o declarada; en la cultura manifestada y descrita verbalmente y comprende tanto al nivel evidente (manifiestos, explicaciones, teorías, filosofías, principios, etc.)

como al nivel subyacente (valores, premisas, supuestos que los generan y los gobiernan). Debe hacerse notar que este componente se refiere a la descripción y explicación realmente *fáctica* –para sí mismo y para los demás– de cómo se comporta o se comportaría uno en determinadas circunstancias y las razones para hacerlo.

El grado de consistencia se refiere a cuán concordante entre sí son los diversos comportamientos, valores, premisas y supuestos. Cuánto concurren o divergen.

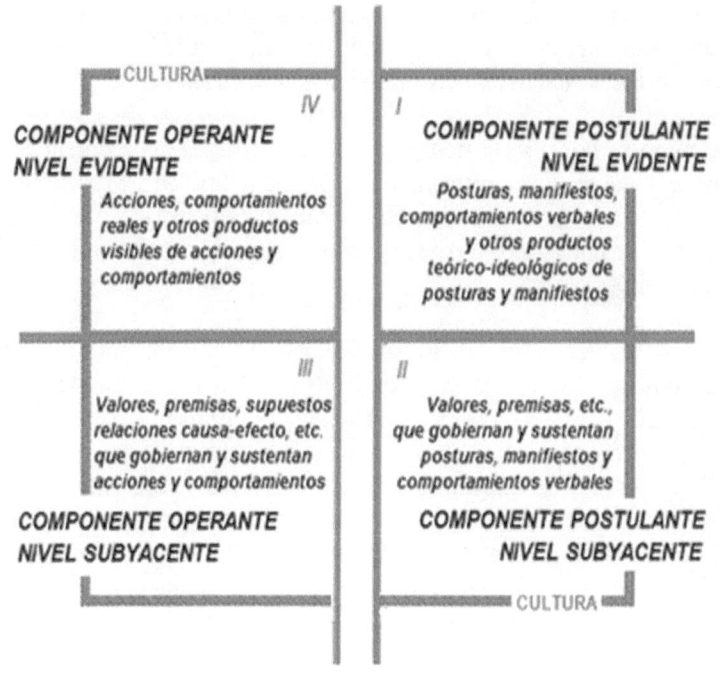

Esquema básico de una cultura

(Ortega 2016:115)

El grado de congruencia se refiere al grado de coincidencia que hay entre la cultura operante y la cultura operante. ¿Corresponde lo que se dice con lo que se hace? ¿Los comportamientos responden en realidad a los principios postulados? (Ortega, 2016:28-47).

En suma, una cultura se describe por sus *contenidos específicos* (valores, premisas y supuestos compartidos que sustentan acciones y comportamientos o fundamentan posturas, filosofías y manifiestos; un grado de *congruencia* entre unos y otros; y un grado de *consistencia interna* en cada uno.

Los contenidos concretos de una cultura se refieren a cómo concibe "(1) el medio ambiente; (2) la realidad; y (3) el ser humano; su naturaleza, sus actividades y las relaciones entre los seres humanos [...]; y el mapa implícito que, apoyado en esas concepciones, guía sus acciones y comportamientos" (Schein, 1984, 1985; Ortega, 2016:61).

Indica cómo se concibe el tiempo y de qué maneras debe entenderse y manejarse. Cuál es la importancia e incidencia del pasado y del futuro en el presente. Cuáles son las expectativas y los parámetros aceptables de la puntualidad, la cortesía, el respecto, la comunicación tanto entre amigos como con desconocidos, etc.

Asimismo, establece cómo debe entenderse y ejercerse la comunicación; qué códigos son los apropiados; qué puede decirse y cómo; qué debe callarse. Qué debe atenderse y qué debe ignorarse. Cuáles son las relaciones apropiadas entre emisor y receptor; qué está permitido como retroalimentación y de qué manera debe presentarse y comunicarse.

"Cada cultura desarrolla asimismo un lenguaje propio que la refleja, con el que opera cotidianamente y que se ha ido generando a partir de la realidad atendida, las expectativas comunes, y las experiencias vividas.

Un lenguaje propio en el sentido de que, independientemente de la lengua que se hable (y en el caso de las organizaciones internacionales: en todas las lenguas que se hablen), utiliza un vocabulario privativo con significados particulares compartidos por los miembros de esa cultura" (Ortega, 2016:64).

Todas estas concepciones y prácticas han sido internalizadas por los miembros de esa cultura y, por lo tanto, se comparten sus comportamientos, sus valores, sus premisas y sus supuestos de manera igualmente automática, incuestionada e incuestionable.

Una cultura puede incluir diversas subculturas.

"Una subcultura es una provincia reconocible de una cultura, con la que se comparten los valores, premisas y comportamientos fundamentales y definitorios, pero en torno a los cuales se han ido sumando valores, premisas y comportamientos adicionales diferentes característicos por lo que se exhiben, también, rasgos propios que permiten diferenciarla como modalidad o variante dentro de la unidad, como cultura particular (o especializada) dentro de una cultura más amplia." (Ortega, 2016: 53).

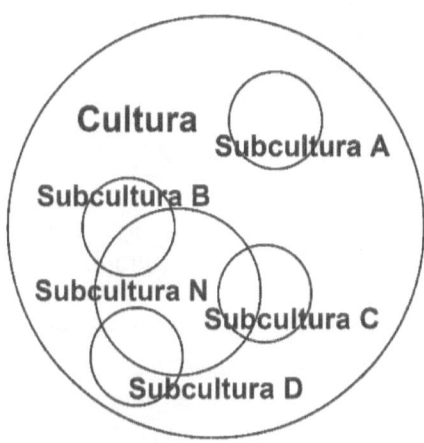

Subculturas en una cultura

(Adaptado de Ortega, 2016:55)

Puede tratarse de una cultura familiar y de las subculturas de los hijos adolescentes, de los padres adultos y de los abuelos; puede tratarse de una cultura organizacional y de las subculturas de las áreas de producción, financiera, de recursos humanos, etc.; puede tratarse de una cultura nacional y de las diversas subculturas regionales; etc.

Los miembros de una subcultura bien pueden pertenecer a otras. Por ejemplo, algunos miembros de las subculturas financiera y de producción dentro de una cultura organizacional pueden igualmente ser miembros de la subcultura de egresados de la Universidad X o el Instituto Y.

A diferencia de los trabajaos de otros investigadores (Likert, 1967; Mintzberg, 1979; Deal y Kennedy, 1984; Cameron y Quinn, 2006; etc.) que *clasifican* o *tipifican* las culturas, tanto los *Índices,* de Hofstede como las *Dimensiones* constituyen modelos para *describirlas*.

En suma, la propuesta de la antropología cultural:

1. Sitúa a todo ser humano en el seno de una o varias culturas y subculturas.

2. Establece que cada cultura está constituida por un conjunto de valores, premisas, supuesto y comportamientos que han sido internalizados por los miembros de esa cultura.

3. Advierte que los miembros de una cultura pueden no sólo no ser conscientes de esos valores, premisas, supuestos y comportamientos esperados, sino que éstos no son cuestionados ni cuestionables para ellos.

4. Estipula que las posibilidades y las limitaciones de todos los comportamientos incluyendo la comunicación quedan definidas por cada cultura.

4.1 La cultura y las subculturas definen lo que el emisor puede y no puede ver en su entorno; cómo debe codificarlo; qué vocabulario compartido debe utilizar con qué receptores; qué esquemas clasificatorios utiliza; cómo debe procesar la información para absorber cuánta incertidumbre; y qué debe esperar del receptor.

Por ejemplo, las culturas establecen los rangos léxicos, de tono, de volumen, de contenido, etc. de lo que en cada caso definen como cortesía o 'buena educación' –que pueden ser radicalmente diferentes de una cultura a otra.

Asimismo, unas son las posibilidades y las limitaciones en el contexto familiar y, potencialmente otras en el contexto social, organizacional, etc.

4.2 La cultura y las subculturas, definen los mensajes tanto por lo que se refiere a contenidos como a códigos potenciales distintivos para cada uno de los segmentos poblacionales o subculturas a los que van dirigidos.

Por ejemplo, un adolescente utiliza códigos diferenciados (léxico, sintaxis, etc.) si los receptores son sus padres y sus abuelos o si son sus amigos o compañeros de escuela.

De la misma manera, la cultura y las subculturas establecen los códigos apropiados a utilizar si lo que busca es informar, convencer, complacer, etc. a su(s) receptor(es).

4.3 La cultura y las subculturas definen el papel del receptor, así como sus posibilidades y limitaciones de reacción o de retroalimentación.

Por ejemplo, en el contexto de un salón de clase, las normas y códigos de comunicación entre un profesor y un alumno están claramente definidos para ambos y tanto las normas como el vocabulario se verán afectadas si se trata de una institución exclusivamente para personas del mismo sexo o si se trata de una institución mixta.

Asimismo, si se trata de un contexto organizacional (o en general de un contexto con asimetría de poder) el papel del receptor, su actitud y su vocabulario, son diferentes si el emisor es su jefe, su compañero de trabajo, su subordinado, o un cliente o usuario de la empresa.

Por la misma razón, su comprensión del mensaje y su reacción a éste puede estar en desacuerdo con la retroalimentación que, en su caso, le envíe al emisor.

1.7 La propuesta dimensional

A principios de los años ochenta del siglo pasado, se propone un modelo que contempla el comportamiento y la cultura como integrados por cinco dimensiones –racional, personal, estructural, política y simbólica– siempre presentes e interactuantes (Ortega, 1982).

Esta propuesta se refiere al comportamiento y la cultura tanto organizacional (Ortega, 2015), como personal, familiar y social (Ortega, 2017).

El modelo dimensional

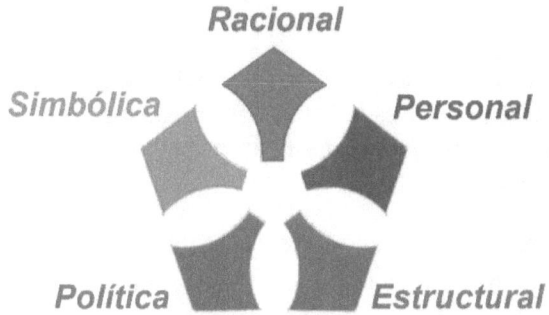

(Adaptado de Ortega, 2015)

Cada una de las cinco dimensiones se define por un conjunto de valores, supuestos y premisas particulares propios, con sus correspondientes comportamientos característicos.

La dimensión racional valora la verdad, la efectividad, la eficiencia y el logro de objetivos.

Supone que el mundo es lógico y coherente; que a toda causa corresponde un efecto y a todo efecto una causa; que los seres humanos son seres racionales capaces de aislar variables y concentrarse en las variables relevantes en cada caso y momento.

Supone que los conocimientos, los datos, el análisis, la razón y la evaluación le permiten diseñar los medios para alcanzar los objetivos fijados, con efectividad y con optimización de tiempos y recursos.

Su estándar es la optimización.

La dimensión personal valora el afecto, la empatía, la bondad, la solidaridad, el sentido de pertenencia, el carisma, la armonía y al individuo en tanto persona.

Supone que el mundo es un entorno variable y complejo que ofrece oportunidades y retos; y es el hábitat propio de los seres humanos que, seres gregarios, lo ocupan como lugar propicio para la convivencia y la socialización.

Supone que las personas son seres complejos, emotivos, parcialmente racionales, interdependientes, con un gran potencial de desarrollo. Reconoce que tienen necesidades básicas (alimentación, seguridad, salud) que requieren ser satisfechas antes de poder enfocarse en objetivos y tareas más elevadas.

Su estándar es la satisfacción personal.

La dimensión estructural valora la certidumbre, el orden, la claridad, la regularidad, la disciplina, las normas y reglamentos y su observancia, la confiabilidad, la estabilidad y la seguridad.

Supone que el mundo es un conjunto de estructuras de roles (madre, amigo, ciudadano, jefe, subalterno, etc.), funciones e interacciones prestablecidos que se superponen y que le dan certidumbre y lo hacen confiable y predecible.

Supone que en cada ser humano se encarna un conjunto diverso de roles independientes que se ejecutan sin que se interfieran mutuamente o sin que los afecten sentimientos o estados de ánimo.

Su estándar es la observancia o cumplimiento.

La dimensión política valora el poder, el control, la impredecibilidad propia y la predictibilidad ajena, la negociación, el secreto, la incertidumbre y la oportunidad coyuntural.

Supone que el mundo es un conjunto variable de coaliciones, alianzas y oportunidades en el que nada es estable o permanente y ofrece retos, confrontaciones, oportunidades continuamente cambiantes.

Supone que cada persona es un agente libre que constantemente está negociando con el mundo sus comportamientos, sus afiliaciones y sus lealtades.

Su estándar es el mantenimiento o el acrecentamiento del poder.

La dimensión simbólica valora la armonía, el equilibrio, la belleza, la significación, la justicia, la claridad, la estabilidad y la certeza.

Supone que el mundo es ilógico e irracional y en el que las relaciones entre las causas y sus efectos son más bien aleatorias y fortuitas, por lo que el único control que se puede tener es a través de la significación que se les da.

Supone que el ser humano no es un ser racional sino simbólico que maneja el mundo y la realidad no por lo que son sino por lo que le significan.

Su estándar es que el mundo (las cosas, las acciones, etc.) tenga sentido.

Como todo comportamiento humano, la comunicación exhibe componentes en cada una de las cinco dimensiones.

Así, un mensaje tendrá siempre elementos de las cinco dimensiones en las que, dependiendo del tipo de comunicación, predominarán unas por sobre las otras, pero en el que estarán todas continuamente presentes e interactuantes.

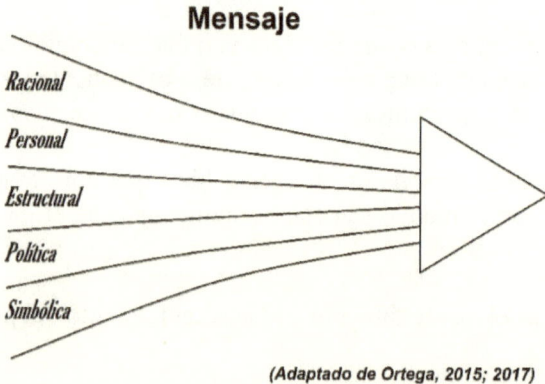

(Adaptado de Ortega, 2015; 2017)

La comunicación racional está enfocada en el ofrecimiento de información rigurosa. Se basa estrictamente en datos exactos y hechos verificables y confrontables, expresados en un lenguaje unívoco, preciso y conciso.

La comunicación personal está enfocada en la expresión de opiniones, percepciones y sentimientos personales, formulados en un lenguaje coloquial, afectivo o emotivo, que busca expresar y compartir sentimientos y emociones, más que informar sobre ellos.

La comunicación estructural está enfocada en los procesos mismos de recolección, estandarización, catalogación, transmisión, documentación y memoria o archivo de la comunicación, utilizando para ello un lenguaje clasificatorio convenido previamente y canales igualmente preestablecidos.

La comunicación política es una herramienta para el mantenimiento o el incremento del poder. Como la información es poder, la comunicación se manipula a conveniencia, dosificándola, sesgándola, callándola; haciendo aparecer como personal lo general y comprobable, o como conjetura o falsedad lo factual.

La comunicación simbólica deja de ser un intercambio de información para convertirse o en un diálogo estereotipado y ritual o en algo real y palpable donde las palabras o los códigos dejan de ser conceptuales para convertirse en una realidad concreta o en una fórmula mágica petrificada e inmutable.

Estas cinco dimensiones *siempre están presentes en toda comunicación y en todo mensaje*, pero puedan acentuarse algunas por sobre las otras.

Y aunque las cinco siempre estén presentes, cada mensaje puede tener un *perfil dimensional* diferente, dependiendo de qué dimensiones se acentúen.

Así, un mensaje en el que predominen los datos y las referencias al entorno, acentuará la dimensión racional; si se enfoca en la perspectiva personal (sentimientos, emociones, opiniones), acentuará la dimensión personal; si el énfasis recae en los procesos, la clasificación o la documentación, acentuará la dimensión estructural; si lo que busca es el control del receptor a través de la manipulación de la comunicación, acentuará la dimensión política; si, en cambio, se concentra en el mundo significante compartido por emisor y receptor, acentuará la dimensión simbólica; sin que, por ningún motivo y en ninguno de los casos, desaparezcan las dimensiones restantes.

Por ejemplo, supóngase que la comunicación se enfoca en compartir tanto datos duros del entorno (por ejemplo, la situación financiera, la inflación, el tipo de cambio, el porcentaje de desempleo, etc.) como las repercusiones que tienen para la vida del emisor (por ejemplo, dificultades y penurias económicas, sufrimiento familiar, etc.), se estarán acentuando las dimensiones racional y personal y, aunque disminuye la participación en el mensaje de las otras tres dimensiones, éstas siguen estando presentes:

Un mensaje así se perfilaría como fundamentalmente racional-personal: "Me dijo exactamente lo que está pasando y ¡todo lo que está sufriendo!".

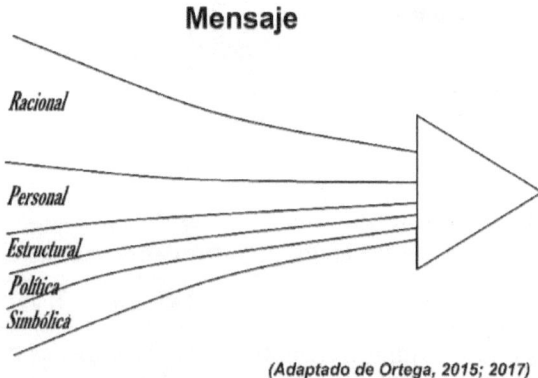

Mensaje

Racional
Personal
Estructural
Política
Simbólica

(Adaptado de Ortega, 2015; 2017)

Debe tenerse en cuenta, sin embargo, que uno podrá ser el *perfil dimensional* del mensaje con el que lo envía el emisor y, al ponerlo en contexto, otro, diferente, el perfil con el que, a su vez, lo recibe e interpreta el receptor.

Por ejemplo, el receptor puede entender ese mensaje primordialmente en las dimensiones personal y simbólica como el preámbulo para dar lástima y pedir dinero prestado.

Otro ejemplo podría ser que, cuando le dan un regalo, una persona exprese su placer al recibirlo (dimensión personal) pero su oyente puede entenderlo como simplemente una expresión de buena educación (dimensiones estructural-simbólica).

El mecanismo de la retroalimentación existe para potencialmente dilucidar malos entendidos e interpretaciones equivocadas, pero sigue estando sujeto a las mismas reglas. Después de todo no se trata sino de otro evento de comunicación, pero en la dirección contraria.

En ese sentido podría pensarse que la retroalimentación maximiza sus posibilidades en la dimensión racional; las ritualiza, en la simbólica; se archiva o reclasifica, en la estructural; se vuelve equívoca en la personal; y forma parte del mismo proceso de manipulación o de defensa, en la dimensión política.

En suma, el modelo dimensional:

1. Rechaza la concepción del ser humano como un ser absoluta y exclusivamente racional.

2. Sitúa al ser humano, sus comportamientos, sus creaciones y sus interacciones en un contexto dimensional.

3. Establece que tanto el ser humano, como sus comportamientos y sus culturas exhiben componentes en cinco dimensiones: racional, personal, estructural, política y simbólica.

4. Subraya que las cinco dimensiones siempre están presentes, aunque cada comportamiento y cada cultura puede exhibir un *perfil*

dimensional particular propio en el que predominen algunas dimensiones por sobre las otras.

5. Establece que la comunicación racional es información y se enfoca en datos y hechos fehacientes y comprobables del entorno; que la comunicación personal es expresión y se enfoca en los sentimientos, percepciones y opiniones del hablante y no están sujetos a comprobaciones externas o a debate; que la comunicación estructural es codificación y documentación y se enfoca en el código y en los procesos mismos; que la comunicación política es manipulación y utiliza la comunicación como una herramienta más para el mantenimiento y acrecentamiento del poder; y que la comunicación simbólica es un ritual significante que convierte los mensajes en realidades concretas en los que las palabras dejan de referirse a algo para transformarse en la realidad misma.

6. Establece que todo mensaje incluye siempre esos cinco tipos de comunicación, aunque, en cada caso, puedan predominar algunos por sobre los otros.

7. Sostiene que es el oyente o receptor del mensaje quien en última instancia determina el *perfil dimensional* del mensaje, independientemente de cuáles hayan sido las intenciones originales del hablante o emisor.

La aplicación de este principio a textos informativos, literarios, religiosos, etc., significa que si el receptor se acerca –por ejemplo– a la *Biblia* como un tratado que presenta datos fidedignos sobre su tiempo y su gente, la interpretará como información (la dimensión racional como la dimensión predominante) cuyos testimonios son debatibles y sujetos a comprobación y cuyo léxico puede sustituirse por sinónimos o equivalentes porque las palabras no importan en sí sino por las ideas y datos que transmiten; si, en cambio, el receptor se acerca a ella como la palabra de Dios, la abordará como un texto sagrado (la dimensión simbólica como la dimensión predominante) en el que, como en las oraciones, las palabras no pueden ser sustituidas o cambiadas por otras aparentemente equivalentes ni el texto es debatible o sujeto a comprobación por ser una verdad revelada.

En todos los casos, la significación del texto y su tratamiento dependerán del abordaje del receptor y podrá ser diferente cada vez que lo aborde.

Así, podrá abordar el texto de maneras diferentes o aún abordándolo de la misma manera interpretarlo de maneras diferentes.

Por ejemplo, podrá acercarse a la *Biblia* como un texto sagrado y adicionalmente y sin que pierda nada de su valor religioso, podrá leerlo y disfrutarlo por su valor literario –en cuyo caso el abordaje utilizará recursos poéticos y literario y no religiosos.

También podrá acercarse al *Quijote* indefectiblemente como obra literaria pero su interpretación y su manera de disfrutarla podrán ser diferentes en su lectura a los cuarenta años, de su lectura a los dieciocho; o, con la misma edad, en dos lecturas diferentes.

Paralelamente, podrá acercarse al *Quijote* como documento para estudiar la psicología de Miguel de Cervantes o el léxico de su época y en ambos casos abordará la obra de maneras diferentes.

Es el receptor, no la intención ni la persona del emisor, quien en última instancia determina el abordaje y la interpretación de un mensaje, de un texto o de una obra.

Lo más que puede hacer el emisor es estructurar su mensaje (su texto, su obra) de manera que invite al receptor a interpretarlo de acuerdo con sus intenciones y que dificulte interpretaciones alternas –sin que ello le asegure que no habrán de suceder, aún en los casos de comunicación cara a cara; con mayor razón podrán suceder cuando se trate de un texto o una obra porque en esos casos no es cuestión de un solo acto comunicativo, sino de dos actos independientes, separados potencialmente por el tiempo y la distancia.

2. Replanteamiento radical

La comunicación, como se ha dicho, es un fenómeno que se plantea y se estudia en disciplinas tan dispares como la administración, la ingeniería, la lingüística, la literatura, la psicología, la sociología, etc.

Sin embargo, todos los aspectos de la comunicación estudiados por estas diversas disciplinas difícilmente constituyen un campo unificado (Cherry, 1957:2) o pueden agregarse o sumarse de manera integrada y significativa.

Por ello, se requiere de un replanteamiento radical que revierta el proceso y se acerque al estudio de la comunicación a partir de esas propuestas provenientes de campos distintos y aparentemente dispares del saber, conjuntándolas e integrándolas para generar una sola visión, unificada y potenciada, de la comunicación humana.

Este replanteamiento se presenta a partir de un esquema básico, al que cada una de estas propuestas paulatinamente enmienda, precisa o rectifica para irse sumando en la construcción de un nuevo modelo de comunicación.

El esquema básico utilizado como punto de partida es la propuesta comunicativa: el modelo de Westley y MacLean (1957).

Este modelo se acota y se precisa con las aportaciones del modelo matemático de Shannon y Weaver (1948, 1949) que, pese a ser anteriores, tiene características que no habían quedado incluidas en el esquema básico de Westley y MacLean.

Este nuevo esquema así modificado, se delimita y se profundiza con las aportaciones organizacionales de Simon (1947) y de March y Simon (1958).

Lo mismo sucede cuando se le incorporan las contribuciones literarias de Iser (1974, 1978), Wimsatt y Beardsley (1946) y de Louise Rosenblatt (1938, 1978); y las contribuciones lingüísticas de Roman Jakobson (1960).

De ahí, el modelo resultante se sitúa en el contexto amplio de una cultura (Hofstede 1980; Ortega, 2016) cuyos valores, premisas, supuestos y prácticas no sólo lo matizan, sino que, en la generalidad de los casos, determinan sus posibilidades y sus limitaciones globales.

Apoyándose en las propuestas dimensionales (Ortega, 1982, 2016 y 2017) este contexto cultural es un contexto dimensional (racional, personal, estructural, político y simbólico) que describe culturas y subculturas (familiares, organizacionales, nacionales, etc.).

En este proceso, en suma, el esquema básico de comunicación de Westley y MacLean recupera la variable del ruido propuesta por Shannon y Weaver; las precisiones en torno al vocabulario, los sistemas clasificatorios, la absorción de la incertidumbre, la racionalidad limitada y el estándar satisfactorio de Simon y March; el encuentro significativo entre mensaje y receptor de Wimsatt y Beardsley y Rosenblatt; las funciones del lenguaje de Jakobson; los sitúa en un contexto cultural y las integra en términos dimensionales.

El resultado es un modelo de comunicación gráficamente semejante, aunque radicalmente nuevo y diferente en su base conceptual y en su concreción operativa: Un modelo más justo y preciso que mejor refleja los matices aparentemente contradictorios de la realidad, a la que, precisamente, el modelo busca explorar, describir, profundizar y comprender en toda su complejidad real.

2.1 Esquema básico

El punto de partida, el esquema básico, es el modelo de comunicación de Westley y MacLean (1957) –generado a partir de la propuesta original de Shannon y Weaver (1948).

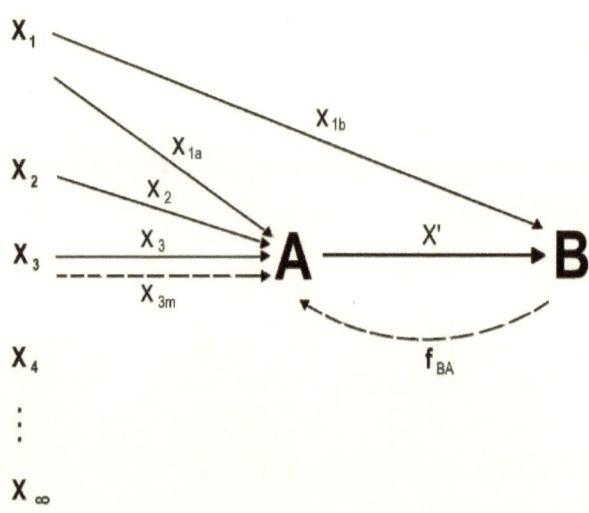

Es sobre este modelo básico que se irán sumando las aportaciones ingenieriles, organizacionales, literarias, lingüísticas, antropológicas y dimensionales.

Se parte, pues, de cinco elementos constitutivos: los referentes y datos (X); el emisor (A); el canal, él código y el mensaje (X'); el receptor (B) y los canales, los códigos y los mensajes de retroalimentación (f_{BA}).

Como a un mensaje (X') dado pueden corresponder diversas maneras de reacción y de respuesta y por lo tanto de retroalimentación (por ejemplo, un mensaje de desaprobación y un ceño fruncido, en el caso de comunicación cara a cara), por ello se habla de canales, códigos y mensajes para la retroalimentación.

2.2 Aportaciones de Shannon y Weaver

A ese modelo básico se le suma la variable del ruido propuesta por el modelo original de Shannon y Weaver (1948), que no se había mantenido en la versión de Westley y MacLean.

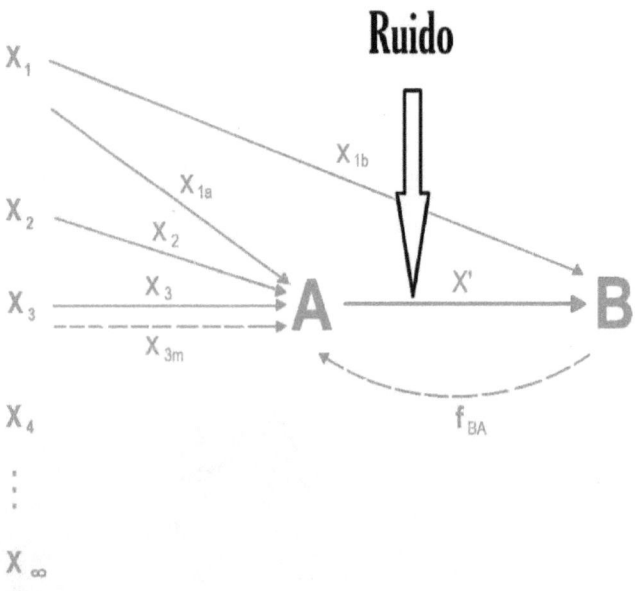

Como se ha dicho, aunque inicialmente generado para comunicaciones telefónicas, y generalmente referido a distorsiones eléctricas en las líneas de transmisión, el modelo de Shannon y Weaver, al incluir la variable del ruido destaca la presencia de todo tipo de interferencia en el proceso de comunicación.

Estas interferencias pueden tener su origen en cualquiera de los elementos del modelo (emisor, canal, código, receptor).

En la comunicación verbal cara a cara, por ejemplo, el ruido puede ser: ambiental (ruido físico de voces, instrumentos, aparatos ajenos, etc.); fisiológico (problemas de articulación o de dicción del emisor, de audición del receptor, etc.); psicológico (estados de ánimo extremos como agresividad, enojo, etc., sarcasmo, burla, etc. de alguna de las partes); semántico (diferencias de significación entre el emisor y el receptor que puede ir desde palabras aisladas hasta marcos conceptuales divergentes); sintáctico (rupturas en el orden establecido para la combinación de las palabras, tiempos verbales, etc.); generacionales (diferencias léxicas, sintácticas, expresivas, interpretativas, etc. por pertenecer emisor y receptor a generaciones distintas); sociales y organizacionales (diferencias en el estatus, nivel, puesto o rol de emisor y receptor; convenciones sociales, etc.); culturales (valores, premisas y supuestos dispares entre receptor y emisor, incluyendo prohibiciones o permisos de expresiones o términos sobre género, raza, religión, etc.); dimensional (contrastes divergentes entre los perfiles dimensionales de emisor y receptor); etc.

En suma, el ruido atiende todos los elementos no deseados a los que se somete el mensaje original y que distorsionan o afectan su comunicación.

2.3 Aportaciones de Simon y March

A este modelo resultante se le suman las aportaciones de Simon (1947) y de March y Simon (1958) en el sentido de que se trata de una racionalidad limitada tanto por parte del emisor para abstraer referentes como del receptor para interpretarlos; que ambos quedarán satisfechos con la primera opción satisfactoria que se les presente (y que puede no ser la misma); y que los mensajes quedan circunscritos a las posibilidades ofrecidas por los esquemas clasificatorios y por el vocabulario del grupo, la organización, o la cultura en la que se da la

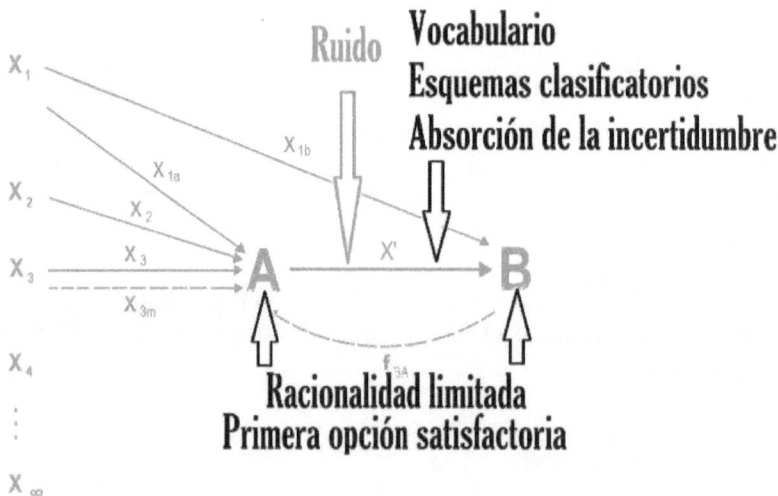

comunicación, así como por la tendencia humana a la absorción de la incertidumbre.

Con esta superposición, el modelo conceptual de Westley y Maclean
(1957) queda modificado con las aportaciones de Simon (1947) y de
March y Simon (1958):

Tanto A como B operan con una racionalidad limitada y ambos están
dispuestos a aceptar la primera opción satisfactoria que la
interpretación de datos (para A) y del mensaje (para B) les ofrezca.

Tanto la interpretación de datos y evidencias, como el mensaje mismo
y, en su caso, la retroalimentación que genere, se verán codificados en
un lenguaje con un léxico y con esquemas clasificatorios también
limitados y por una tendencia a la absorción de la incertidumbre que
los intercambiará por las inferencias que generen.

2.4 Aportaciones de Iser; Wimsatt, Beardsley y Rosenblatt

Adicionalmente, el modelo incorpora las aportaciones de Iser (1974, 1978, 2000), Wimsatt y Beardsley (1946) y Rosenblatt (1938, 1978), en el sentido de desplazar radicalmente el centro de atención del emisor al receptor como hasta ahora –implícita o explícitamente– venía manejándose.

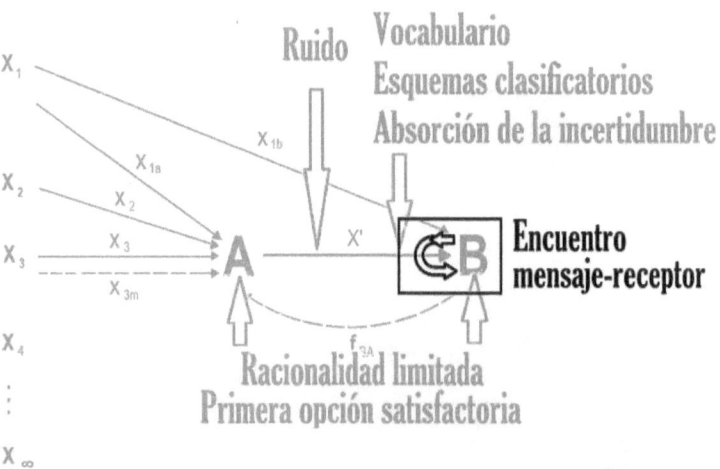

Es en el encuentro del mensaje con el receptor dónde se determina la significación final del mensaje y no –como tradicionalmente suele contemplársele– en las intenciones originales del emisor.

El mensaje en sí, por sus contenidos y su estructura, adquiere su plenitud comunicativa al encontrarse con el receptor quien los transforma en símbolos significantes en el momento de entrar en relación con ellos (Rosenblatt, 1938:25).

Ahí se es donde se desencadena precisamente la significación última del mensaje a la que ambas partes –mensaje y receptor– han contribuido (Iser, 1978).

2.5 Aportaciones de Jakobson

De la misma manera, a ese modelo resultante se le suman las aportaciones de Jakobson (1960) al distinguir predominios potenciales en los mensajes dependiendo de la función imperante.

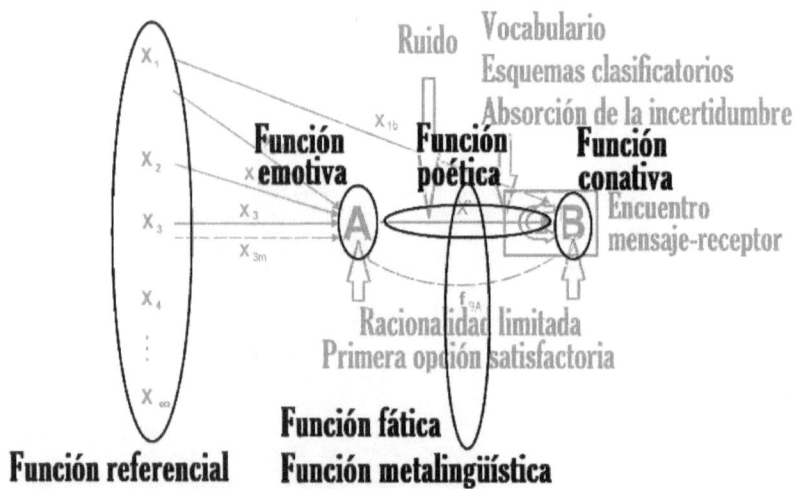

Cuando el mensaje se orienta al contexto y a los datos contenidos en éste ($X_1 \ldots X_\infty$), se trata de *la función referencia* del lenguaje.

Cuando se orienta a la persona del emisor (A), sus sentimientos, sus opiniones, sus inquietudes, sus impresiones, etc., se trata de *la función emotiva*.

Cuando se orienta a la persona del receptor (B), se trata de *la función conativa.*

Cuando el mensaje se orienta a la conexión o canal [no explicitado como variable en el modelo original de Westley y MacLean], se trata de *la función fática* del lenguaje,

Cuando se orienta al lenguaje mismo [tampoco explicitado como variable en ese modelo], se trata de *la función metalingüística.*

Cuando se orienta al mensaje mismo (X'); se trata de *la función poética* del lenguaje.

Todas las funciones están siempre presentes, aunque varíe el predominio de alguna sobre las otras.

Este predominio determinará tanto los contenidos como el lenguaje utilizado en el mensaje e incrementará o disminuirá el potencial de concordancia entre emisor y receptor.

2.6 Aportaciones de la antropología cultural

Al modelo hasta ahora resultante se le suman las aportaciones de la antropología cultural.

Esto conduce a que el modelo se sitúe íntegramente en un contexto cultural.

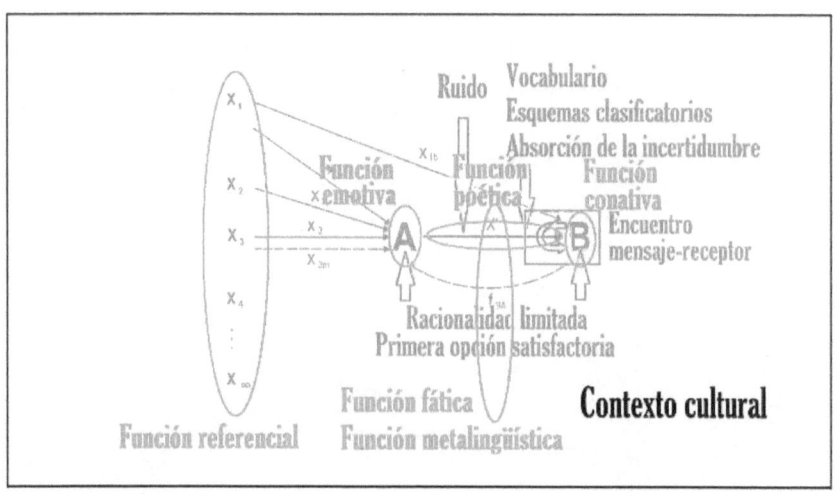

Esta situación implica que todo lo discutido tiene lugar, necesariamente, en el seno de cultura(s) (occidental, nacional, organizacional, familiar, grupal, etc.) y subcultura(s) (profesional, regional, generacional, de género, etc.) cuyos valores, premisas, supuestos y comportamientos aceptables establecen los rangos y límites potenciales de todas las variables involucradas en el proceso de comunicación (Hofstede, 1978 y 1980; Ortega, 1982 y 2016).

Esto quiere decir que desde la selección de datos de su entorno por parte del emisor hasta la interpretación final por parte del emisor y, en su caso, la retroalimentación correspondiente, van a estar constreñidos por el contexto cultural en el que se llevan a cabo.

Como toda cultura finalmente desemboca en una cultura personal resultante (Hofstede 1980:16) aún y cuando emisor y receptor formaran parte de la misma cultura no sólo nacional sino incluso familiar, cada uno de los dos tendrá su propia cultura particular, por lo que, en el fondo, toda comunicación es una comunicación intercultural.

2.7 Aportaciones dimensionales

Finalmente, una vez situado el modelo resultante en un contexto cultural, se le suman las aportaciones de la propuesta dimensional (Ortega, 1982, 2015):

Ello implica, por una parte, que todo el modelo exhibe la dimensionalidad propia de toda cultura y toda subcultura –es decir que todo contexto cultural es también un contexto dimensional:

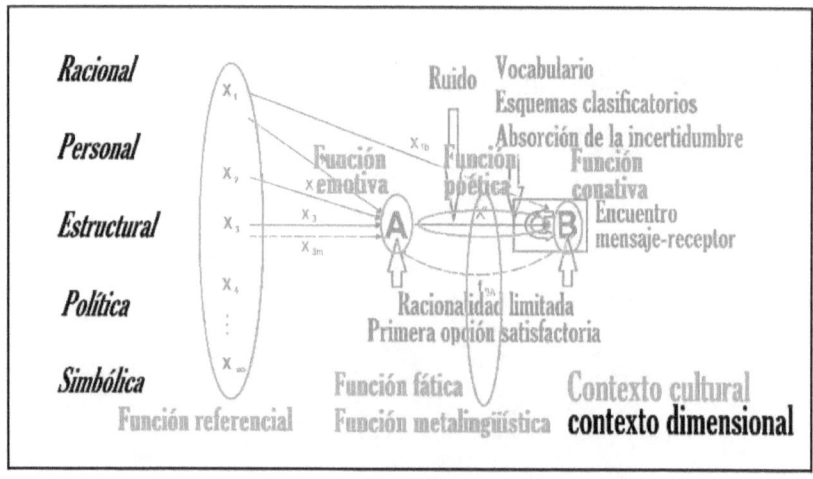

Y, por la otra, que dentro del modelo mismo pueden reconocerse plenamente los elementos y las variables que distinguen a cada una de las cinco dimensiones y en los que estas dimensiones se apoyan:

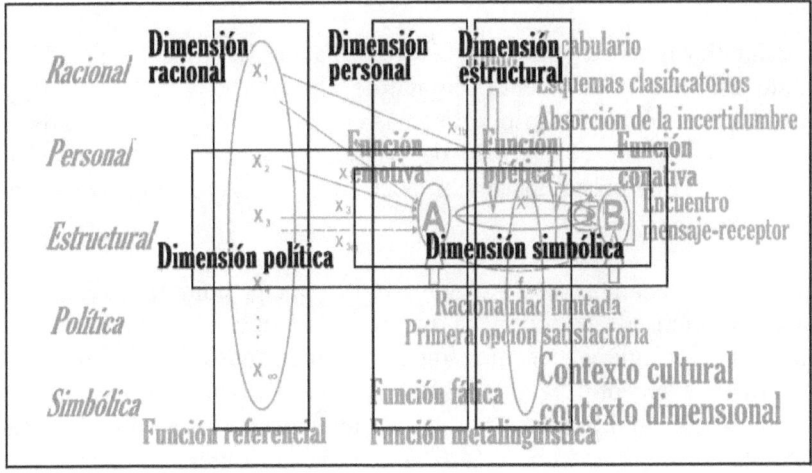

Se descubre que existen grandes coincidencias entre todas las propuestas: En primer lugar, la teoría de las dimensiones misma es, precisamente, una respuesta que a un tiempo amplía y precisa el concepto de la racionalidad limitada y de las opciones abiertas al ser humano, planteadas por Simon (1947) y March y Simon (1958).

La racionalidad limitada es resultado no de que el ser humano no pueda ser plenamente racional, sino de que existen factores y dimensiones adicionales siempre presentes, que matizan, suavizan o acotan esa racionalidad.

Adicionalmente, los elementos abstraídos del contexto $(x_1...x_\infty)$ de Westley y MacLean (1957), corresponden precisamente a los referentes en la función referencial de Jakobson (1960) y a los datos que informan la dimensión racional en la teoría de las dimensiones (Ortega, 1982; 2015).

La función emotiva de Jakobson (1960), a su vez, corresponde a la comunicación como expresión humana en la dimensión personal. Y es en esta misma dimensión en la que opera el estándar satisfactorio con el que finalmente se deciden las opciones por las que se deciden las personas (Simon 1947, March y Simon, 1958).

Las funciones fática y metalingüística de Jakobson (1960); así como el ruido incluido en el modelo original de Shannon y Weaver (1949); y los aspectos de vocabulario, esquemas clasificatorios y absorción de la incertidumbre en el modelo de March y Simon (1958), quedan plenamente comprendidos en el proceso comunicativo de la dimensión estructural.

La fusión conativa de Jakobson (1960) queda comprendida en la comunicación de la dimensión política, que se apoya en la manipulación global de funciones y dimensiones para ejercer el control del receptor y sus respuestas. Vista como herramienta, la comunicación política se sirve de las funciones y de las dimensiones que en cada momento hagan más factible lograr las respuestas buscadas en el receptor.

Finalmente, la función poética (Jakobson, 1960) queda totalmente comprendida en la comunicación simbólica y en la visión del mensaje como concreción y creación verbal. En ese aspecto, el mensaje deja de señalar hacia algo externo (referentes, información, etc.) para ser él mismo su propia realidad, su propia verdad.

Significativamente, la comunicación política contemporánea está haciendo un mayor uso de la función poética en el sentido que deja de apoyarse en referentes externos creando con el mensaje su propia realidad aún en evidente contradicción con los datos y los hechos aparentemente accesibles a todos y comprobables por todos.

La retroalimentación (Westley y MacLean, 1957), al ser simplemente un proceso de comunicación en sentido inverso, estará sujeta a las mismas variables.

Así, dependiendo de sus contenidos, quedará incluida en la dimensión racional/función referencial si se refiere a los datos o referentes en el entorno.

Quedará incluida en la dimensión personal/función emotiva si se refiere a los sentimientos del nuevo emisor (B); en la dimensión estructural/funciones fática o metalingüística/ruido si se refiere a aspectos del canal, del código, o de interferencias en éstos; a la dimensión política/función conativa si lo que ahora busca B es influir sobre A y manipular la comunicación; o en la dimensión simbólica/función poética si se concentra en el mensaje en sí (valores literarios, estéticos, religiosos, etc.).

En todos los casos, la significación final del mensaje quedará determinada por el receptor en el punto de encuentro entre éste y el mensaje (Iser, 1974, 1978, 2000; Wimsatt y Beardsley,1946; Rosenblatt, 1938, 1978).

Si bien, el emisor con su *perfil dimensional* particular genera el mensaje original en el contexto de su cultura y subculturas de acuerdo con su propia intencionalidad; su mensaje, sujeto a estructuras y normas independientes del emisor, a ruido, etc., adquiere un grado de autonomía −tanto de ese perfil original como de la intencionalidad del emisor− en el momento mismo de su emisión (Tinianov, 1975; Todorov, 1978; Brooks, 1979).

El receptor, a su vez, con su *perfil dimensional* particular y también inmerso en su propia cultura y subculturas −potencialmente diferentes a las del emisor− con los que decodifica e interpreta el mensaje a partir de los elementos significantes ofrecidos por éste, es quien en última instancia le da el significado final a ese mensaje.

Cabe notar que la historia personal del receptor, sus experiencias vitales previas, y las variables del momento preciso en que recibe el mensaje vienen a sumarse a su *perfil dimensional* y a su contexto cultura en su interpretación; y por lo tanto, ese significado final rara vez es invariable y definitivo.

3. Modelo conceptual de comunicación humana

Este replanteamiento radical genera, con todas las aportaciones así integradas, un nuevo modelo de comunicación humana.

Un modelo es "una estructura de símbolos y de reglas operativas que se suponen coinciden con las variables definitorias relevantes de una estructura o un proceso" más complejo de la vida real, y para cuya comprensión es indispensable el modelo (Deutsch, 1952:357).

Como dice Karl Deutsch, de no usar un modelo, la única alternativa sería intentar captar directamente en toda su profundidad y extensión ese segmento de la realidad en su integridad y reproducirlo fiel y completamente.

El modelo que aquí se propone queda definido por siete elementos fundamentales: Un emisor (E), expuesto a un entorno que lo provee de datos o referentes (D); un mensaje (M), sujeto a ruidos e interferencias (r); un receptor (R), que posee la opción de ofrecer retroalimentación (ra) al emisor (E); inmersos todos en una cultura (C), con sus valores, premisas, supuestos y comportamientos particulares.

Aunque no es imposible que esa cultura (y en su caso subculturas) puedan ser compartidas, también es no sólo posible sino probable que sean diferentes. Lo importante no está en su igualdad o diferencia sino en el papel central de la cultura o culturas para el modelo.

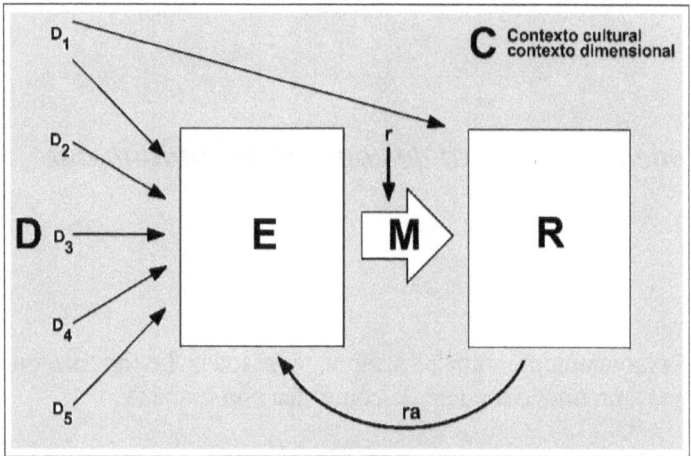

El modelo está siempre situado y operando en un contexto plenamente dimensional (racional, personal, estructural, político y simbólico), que define tanto cada uno de esos siete elementos fundamentales como la(s) cultura(s) en la(s) que están inmersos.

Esta dimensionalidad se refiere tanto a que el modelo opera en el ámbito de culturas y subculturas personales, familiares, grupales, organizacionales, regionales, nacionales, etc.; conformadas precisamente por las cinco dimensiones (Ortega, 2016); como a que cada uno de los elementos constitutivos del modelo (emisor, mensaje, etc.) exhibe, a su vez, un *perfil dimensional* propio –dentro de los parámetros permitidos por esa(s) misma(s) cultura(s) y subcultura(s) en la(s) que está(n) inmersos y con las acotaciones que esos parámetros exijan.

En este sentido, la comunicación intercultural no sería –como se le concibe hasta ahora– meramente una rama de las ciencias de la comunicación (Condon y Youssef, 1979; Neuliep, 2020), sino el núcleo mismo de la disciplina.

Pues, si bien la comunicación intercultural había sido concebida para el estudio de la comunicación a través de culturas nacionales o étnicas, al reconocer que toda comunicación se da en el contexto de culturas personales, familiares, grupales, organizacionales, regionales, nacionales, etc., debe ser evidente que toda comunicación es, por naturaleza, comunicación intercultural.

De ahí, que en el modelo conceptual propuesto se haga un énfasis especial en la cultura.

La comunicación se da en el seno de culturas y subculturas o micro culturas (Neuliep, 2020) personales, familiares, etc. diversas, incluyendo las culturas particulares del receptor y del emisor; y cada cultura y subcultura implica una serie de valores, premisas, supuestos y comportamientos característicos propios.

Como se ha dicho, cada cultura y subcultura exhibe un *perfil dimensional* específico y este perfil está constituido por una combinación *sui-géneris* de las cinco dimensiones en la que las cinco están siempre presentes e interactuando.

El emisor y el receptor están igualmente inmersos en una cultura y subculturas, definidos y acotados por ellas, que podrán no ser las mismas.

Asimismo, como también se ha discutido, el mensaje mismo, aunque se haya codificado con una determinada intencionalidad, una vez emitido, tiene su propia independencia y autonomía.

Cada uno de ellos, culturas, subculturas, emisor, receptor y mensaje tiene su propio *perfil dimensional* que incide tanto en el proceso de comunicación como en el significado final que potencialmente pueda tener.

3.1 La cultura y subculturas

La cultura y, en su caso subculturas, en las que tiene lugar el evento comunicativo encuadran y acotan el papel a jugar por cada uno de los participantes y factores intervinientes.

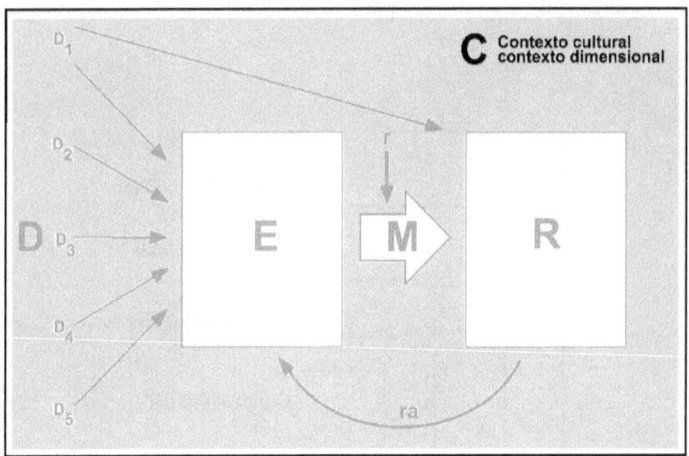

Establecen los parámetros que definen a emisores y a receptores; delimitan sus márgenes de maniobra; señalan los códigos potenciales a utilizar y las circunstancias y condiciones en que pueden o deben utilizarse; determinan la naturaleza y las posibilidades de la retroalimentación; precisan la gama de elementos a visualizar y atender o a ignorar y descuidar en el entorno; y en general, conforman roles y repertorios de conducta.

El hecho de situarlos en un contexto cultural no quiere decir que las culturas y subculturas sean necesariamente las mismas para emisor y para receptor.

De hecho, como cada ser humano posee una cultura personal resultante producto de las culturas y subculturas en las que ha estado inserto y de las experiencias personales vividas, el punto de partida es que las culturas del emisor y del receptor siempre son diferentes por ligeras que pudieren ser esas diferencias.

Está diferencia básica ineludible aumenta a medida que dejan de compartirse las culturas en que se fueron generando estas culturas personales del emisor y del receptor.

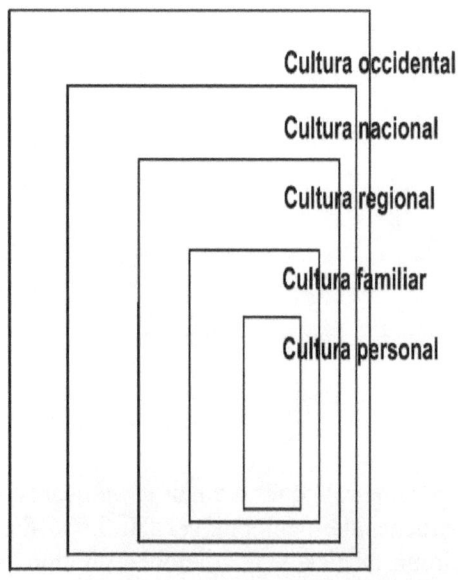

Por ejemplo, Porter (1972) sitúa las diferencias culturales potenciales en un continuo que va de mínimas a máximas:

Diferencias culturales

(Adaptado de Porter, 1972:4)

En el extremo con las diferencias mínimas sitúa las subculturas por estilo de vida de dos grupos que comparten la misma subcultura generacional (jóvenes) y la misma cultura nacional (EEUU), los hippies y los yuppies; en el otro extremo, con las diferencias máximas, sitúa las culturas oriental y occidental.

En puntos intermedios de menor a mayor diferencia, sitúa las culturas de EEUU y del Canadá anglosajón; las subculturas de las mayorías blancas y de las minorías étnicas dentro de una misma cultura nacional (EEUU); las culturas del Canadá francés y la de EEUU; y las culturas nacionales de Francia y los EEUU.

En ese mismo continuo se ha agregado aquí la diferencia entre las culturas nacionales de México y los EEUU, a partir de los *Índices* de Hofstede (1980:315) para ambos países y del *perfil dimensional* (Ortega, 2018:134) para México.

Por ejemplo "hay culturas más respetuosas que otras [dimensiones personal-simbólica-estructural] y ese respeto puede afectar la franqueza en la comunicación [dimensión racional] o aparecer –para personas de otras culturas– como debilidad personal [dimensión política]" (Ortega, 2018:134).

Como una cultura implica un conjunto de valores, premisas, supuestos y comportamientos, y por lo tanto de expectativas y posibilidades particulares, las diferencias culturales entre emisor y receptor pueden no sólo hacer la comunicación más difícil al acotarlos de maneras diversas y potencialmente contradictorias, sino constituirse en el ruido mismo que interfiere en los significados, aún y cuando se superaran esas dificultades iniciales.

Toda cultura y subcultura se manifiesta con un *perfil dimensional* propio que refleja la participación concreta de cada una de las cinco dimensiones para esa cultura o subcultura particular.

Así el *perfil dimensional* puede distinguir no sólo las grandes culturas nacionales y subculturas, sino las culturas personales e, incluso, las culturas momentáneas o temporales generadas por un evento –sea un evento mayor (como el Festival de Viña del Mar, en Chile, y la participación del público) o un evento mínimo por transitorio e irrelevante que pueda ser (como la fila para acceder al cajero automático del Banco X la mañana de 16 de abril de 2020 durante la contingencia del Coronavirus en Santiago de Querétaro, Qro., México)– y que concluirá con el evento mismo.

En el caso de Viña del Mar, la selección de los artistas, la participación del 'monstruo' –como suele designarse al público– y sus intervenciones han generado una cultura *sui generis* tan esperada como, frecuentemente, temida. Las personas que asisten por primera vez se vuelven también 'monstruos' y acaban por comportarse de acuerdo a esa cultura.

En el caso de la fila de acceso al cajeto automático, sin que ninguna autoridad presente la exigiera ni ninguna persona la organizara o la supervisara, todos los integrantes de la fila se mantuvieron exactamente a un metro y medio de distancia, en silencio, adaptando la fila a las posibilidades físicas asimétricas del entorno, y siguiendo el patrón espacial –con sus curvas y desviaciones, como si hubiera sido un requisito– que aleatoriamente se había ido creando. Los recién llegados observaban y se adaptaban.

En todos los casos –sean las culturas nacionales o subculturas más o menos estables; sean culturas temporales que reaparecen cada año; o culturas momentáneas que duran lo que dura ese momento o esa fila– la cultura imperante va a influir determinantemente en la definición y concreción del proceso de comunicación y sus participantes en el momento en que tiene lugar.

La cultura personal es una cultura resultante que parte generalmente de las culturas familiar y nacional que se matiza –en muy diversos grados y maneras– por experiencias críticas vividas y por subculturas a las que se pertenece o se ha pertenecido y que, por alguna razón, hayan resultado formativas (Ortega, .2016, 2017), como pueden ser las de una profesión o de un grupo de edad.

Esa cultura personal se acota o se adapta, en su caso, a las culturas momentáneas o temporales presentes en el espacio y el tiempo en que, en cada ocasión, pueda tener lugar el evento comunicativo.

Y esas son las culturas que imperan en todo evento comunicativo; en el emisor, en el mensaje y en el receptor.

3.2 El emisor

Uno de los ejercicios frecuentemente utilizados por los consultores para el aprendizaje vivencial en comunicación es el de 'Comunicación en una o en ambas direcciones' (Newstrom y Scannell, 1980:187-189) en el que una persona, seleccionada como emisor, intenta transmitir –de espaldas a su(s) receptor(es)– un diagrama geométrico

El ejercicio –centrado en el emisor– establece que éste sólo puede utilizar comunicación verbal sin contacto visual, gestos o ademanes y sin permitir preguntas del o de los receptores. La única persona que puede hablar durante todo el evento es el emisor quien, además, determina cuándo darlo por concluido, al juzgar que el o los receptores han recibido toda la información necesaria.

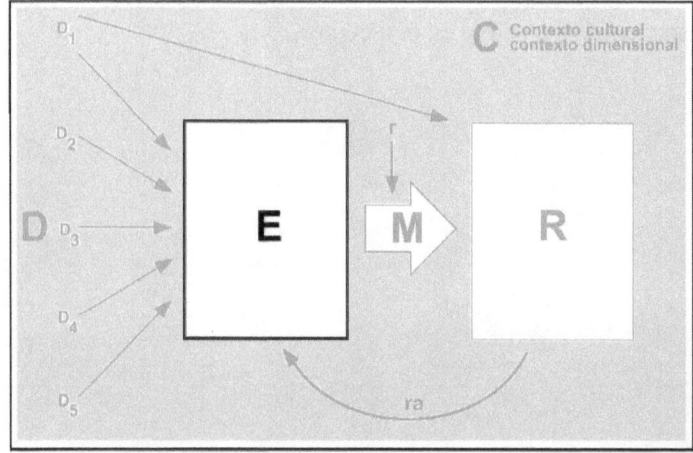

En ese momento se coteja el diagrama en manos del emisor con lo dibujado por el o los receptores.

Lo menos sorprendente es que los diagramas no coinciden en nada; y si fueron varios los receptores, tampoco coinciden entre sí.

Lo más sorprendente es la reacción de molestia o enojo del emisor y sus reclamos subsecuentes al o a los receptores por lo que él considera la flagrante incapacidad de éste o éstos para recibir correctamente el mensaje que les envió.

Cuando se le hace ver al emisor que él fue el único que habló y quien en todo momento llevó la batuta, su asombro al darse cuenta de esta verdad sólo es equiparable a su desconcierto.

Y es una escena que se repite, cada vez que se realiza el ejercicio, independientemente de las habilidades de la persona que ocupe el papel de emisor.

Más allá de la experiencia personal misma de los participantes, el ejercicio revela dos de las premisas básicas generalmente incuestionadas e incuestionables en muchos de los estudios sobre comunicación: 1º El proceso de comunicación implícita o explícitamente se concibe o se atiende como si estuviera totalmente centrado en la figura del emisor; y 2º Basta con que el emisor emita un mensaje para que el receptor lo reciba con exactamente el mismo significado que tuvo la intención de transmitirle el emisor.

Respecto a la primera premisa, sin lugar a dudas, el emisor es un participante muy importante en el proceso de comunicación, pero no es la figura absolutamente determinante y central como previamente se le había considerado.

El rol del emisor queda delimitado tanto por su propia cultura (cultura personal) como por la cultura del contexto en el que se está llevando a cabo el evento de comunicación.

Se trata de la interacción entre dos *perfiles dimensionales*: el perfil personal y el perfil resultante de la cultura y subcultura(s) imperantes.

De esta manera quedan definidas desde la perspectiva del emisor todas las variables relevantes del proceso, como son su propias posibilidades, limitaciones y responsabilidades como emisor; los contenidos, códigos y estructura del mensaje; los canales a utilizar y los ruidos potenciales a prevenir; los referentes que debe atender y desatender; el rol o papel del receptor; las opciones abiertas a la retroalimentación; etc.

Como es una definición a nivel de *cultura operante*, el emisor mismo podrá no estar necesariamente consciente de ninguna o de alguna de las variables mencionadas, por lo que, en caso de ser cuestionado podría no tener mayor respuesta de que porque así se hacen las cosas: Para quien forma parte de una cultura, sus lineamientos y directrices se ven como la forma 'natural', 'normal' de hacer las cosas.

Respecto a la segunda de las premisas, al emitir su mensaje, el emisor tiene la intención de transmitir significados específicos: Informar, expresarse, documentar, manipular, significar o una combinación de algunos.

Sin embargo, el mensaje puede contener significados adicionales a los intencionalmente codificados por el emisor; significados que no sólo lo matizan, sino que, potencialmente, pueden llegar incluso a contradecirlo.

Precisamente, el concepto de *falacia intencional*, desarrollado por Wimsatt y Beardsley (1946) para la crítica literaria pero aplicable a todo proceso de transferencia de significación, sostiene que es totalmente falso que lo que el emisor tiene la intención de decir es lo que debe establecer el significado final de lo dicho.

Por una parte, de la intención a la concreción existen una serie de riesgos y obstáculos intelectuales, lingüísticos, culturales, etc. que hacen imposible suponer *a priori* que el emisor concretó y codificó exacta y rigurosamente su intención.

Por otra parte, en el proceso mismo de comunicación, el mensaje puede adquirir significados adicionales a los originales que pudieron haber sido buscados o no.

Generalmente estos significados adicionales tienen que ver con la imagen del emisor y, en su caso, particularidades personales como acento, inflexiones, currículum vitae, presencia física, etc. .(Giffin, 1967; Gluszek y Dovidio, 2010; Lev-Ari y Keysar, 2010).

Por todo ello, el significado real de un mensaje no es lo que el emisor tuvo la intención de codificar y de enviar, sino lo que finalmente recibe el receptor, a partir, precisamente del mensaje mismo con todo lo que lleva y conlleva.

En suma, este significado final depende exclusivamente de lo factualmente contenido en el mensaje sujeto a la interpretación del receptor.

3.3 El mensaje

El mensaje es el medio, el vehículo con el que el emisor busca transferir significados.

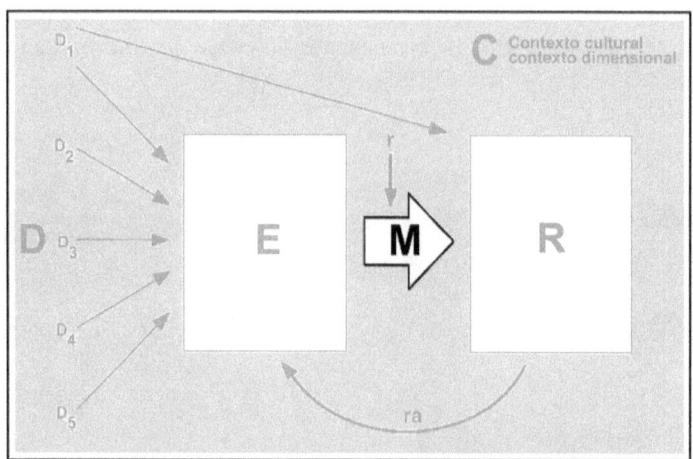

Y es, precisamente, al codificarlo, el único momento en que sus intenciones no sólo son relevantes sino claves para la integración del mensaje.

El emisor puede enviar información y datos; expresar y compartir opiniones o sentimientos personales; documentar o etiquetar; tratar de manipular al receptor; intercambiar rituales o conjuros; o una combinación de todos o algunos a la vez.

La combinación de contenidos elegida por el emisor genera un primer *perfil dimensional* del mensaje (perfil de emisión).

Una vez emitido, sin embargo, el mensaje se vuelve independiente y adquiere su propia autonomía.

El mensaje queda ahora fuera del alcance del emisor. Si el emisor estuviere en desacuerdo con el significado recibido por el receptor o con lo que el propio emisor entienda una vez que lo ha pensado mejor, tendría que mandar mensajes adicionales diferentes para intentar modificar su *significado*, sin embargo, el mensaje originalmente emitido, el mensaje mismo, no puede ser ya modificado.

Una vez emitido e independiente del emisor, al mensaje enviado por éste se le suman lo afectado por el ruido y los significados adicionales de los que se ha hablado que lo matizan y lo modifican.

Este nuevo mensaje resultante tiene un *perfil dimensional* (perfil de transmisión) potencialmente diferente al de emisión. Un perfil que deja de ser afectado por el emisor y que todavía no es afectado por el del receptor.

Este es el perfil propio del mensaje mismo, sujeto a la exégesis de terceros, justamente en el campo de la hermenéutica (Gadamer, 1975).

Finalmente, una vez recibido por el receptor y afectado por éste en sus expectativas, abordaje y *perfil dimensional* personal, el mensaje proyecta un *perfil dimensional* potencialmente diferente a los previos (perfil de recepción) que, a su vez, podrá variar cada vez que el receptor tenga contacto con el mensaje, sea porque lo recuerde –de haber sido transmitido sólo oralmente; sea porque lo vuelva a leer –de haber sido transmitido por escrito.

Debe hacerse hincapié en el hecho de que lo recibido por el receptor es el mensaje, no las intenciones ni los deseos del emisor, y que el significado que se desprenda depende exclusivamente del encuentro del mensaje con el receptor.

En este encuentro, como se ha mencionado, intervienen tanto el perfil personal del receptor, como el tipo de abordaje.

Esto es cierto para cada uno de los encuentros (en caso de tener más de uno) que el receptor tenga con el mismo mensaje. En otras palabras, en cada caso, el mensaje podrá ser recibido e interpretado de manera diferente.

En los tres casos, emisión, transmisión, recepción, los perfiles dimensionales se generan a partir del grado de predominio en los contenidos del mensaje de cada una de las cinco dimensiones.

Y si bien, este perfil está constituido por una combinación *sui-géneris* de las cinco dimensiones en la que las cinco están siempre presentes e interactuando, para facilitar su comprensión, a continuación, se presentan las contribuciones potenciales *por separado* de cada una, de manera *artificialmente* aislada.

La comunicación racional

En la dimensión racional la comunicación es sinónimo de *información* y está centrada en el ofrecimiento o el intercambio de datos y hechos fidedignos y comprobables del contexto.

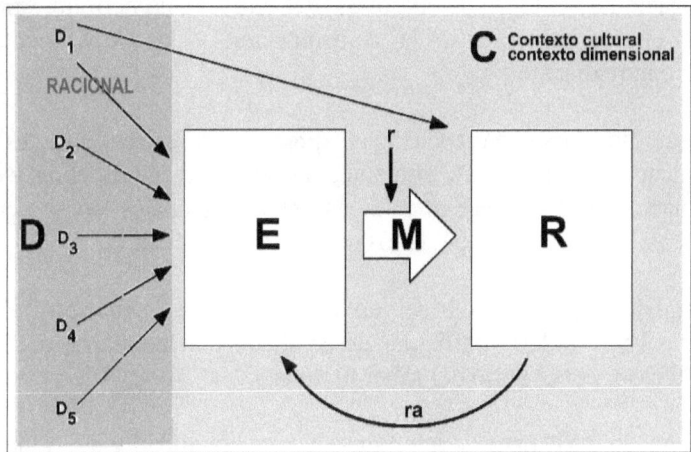

Se apoya en la función referencial del lenguaje (Jakobson, 1960) y generalmente se expresa verbalmente utilizando la primera persona del singular y del plural.

Fáctica y centrada en los referentes, se enfoca en datos y, consciente de la tendencia humana a convertirlos en inferencias, busca asegurarse de que los datos se emitan con la menor distorsión posible, para lo que, adicionalmente, invita y alienta la retroalimentación por parte del receptor.

En los casos en los que el emisor mismo constituya el contenido principal del mensaje (por ejemplo, como paciente ante el médico), el énfasis sigue centrado en información y datos, no en la expresión de sentimientos y emociones.

En todo tipo de estructuras sociales (familia, organizaciones, grupos, etc.), la comunicación racional se da en todas las direcciones (vertical, horizontal y diagonal) y sentidos (ascendente, descendente y lateral); con independencia de puestos o de roles y constituye uno de los elementos fundamentales para la toma de decisiones (Simon, 1947); para la maximización de la racionalidad organizacional y la optimización en el logro de objetivos. Por ello no sólo permite, sino que alienta el cuestionamiento, la confrontación y la retroalimentación abierta e inmediata.

A pesar de darse en todas las direcciones y sentidos, es una comunicación estrictamente eficiente, que se apoya en referentes y datos relevantes, apela únicamente a aspectos racionales y se enfoca totalmente en la transmisión de los datos (Ortega, 1982; 2015).

El lenguaje utilizado suele ser un lenguaje preciso, fundado, lógico, propio del vocabulario particular desarrollado por la cultural del grupo y, en su caso, por el ramo del saber pertinente.

Por su apego a los datos y referentes, a la racionalidad y a la eficiencia en la comunicación, en ocasiones parecería una comunicación vacía de toda empatía o de las elipsis y formas propias de la urbanidad y los buenos modales.

En situaciones sociales, por ejemplo, algunas instancias de comunicación predominantemente racional podrían parecer rudas o agresivas por su veracidad y por su franqueza, tanto por evitar circunloquios y parecer demasiado directas; como por la ausencia de sutilezas y detalles que desde la perspectiva de la comunicación racional parecerían superfluos.

La comunicación personal

En la dimensión personal la comunicación es sinónimo de *expresión* y se concentra en la manifestación y participación de emociones y sentimientos, opiniones y perspectivas personales que buscan compartirse.

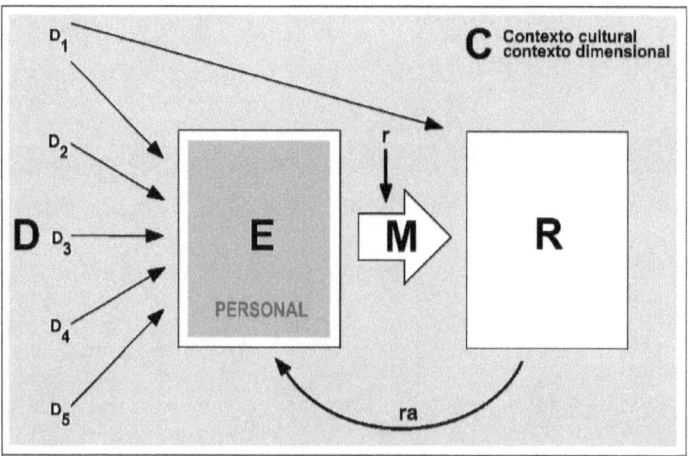

Centrada en el emisor, la comunicación personal se entiende de manera amplia como comunicación humana, que refleja las preocupaciones, inquietudes, opiniones, impresiones, intereses, afectos, sentimientos, etc., que se comparten con el receptor

En ese sentido, está abierta a todos los contenidos sin estar necesariamente organizada ni estructurada, por lo que –desde una perspectiva rigurosamente racional– podría verse como imprecisa, ineficiente e inefectiva –y, en algunos casos, hasta caótica– dada la gran amplitud de temas, asuntos y direcciones que puede tomar.

No es confrontable ni debatible: lo que una persona siente, sufre, prefiere, le gusta o le disgusta, al ser un hecho en sí y expresarse y compartirse, no está sujeto a argumentos ni rebatimientos.

Su lenguaje es un lenguaje estrictamente personal apoyado por la función emotiva o expresiva del lenguaje (Jakobson, 1960) y compartido por el grupo de referencia, coloquial y expresivo. Tiende a utilizar la primera persona del singular y puede incorporar exclamaciones, interjecciones y demás expresiones personales.

La comunicación estructural

En la dimensión estructural la comunicación es sinónimo de *clasificación, codificación y documentación* y más que comunicar o informar, sitúa, etiqueta y procesa en el contexto rígido de normas y procedimientos sociales, grupales, organizacionales, informáticos, etc.

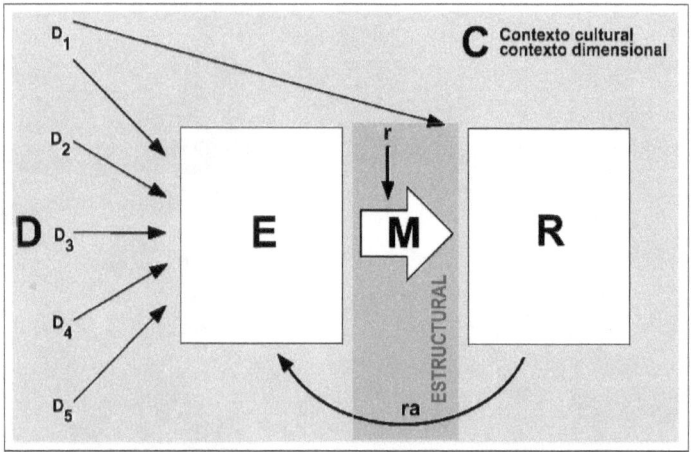

Centrada en la conexión, el canal y el código, la comunicación estructural establece la relación e inserta en su contexto comunicativo etiquetando y situando. Traduce la realidad para introducirla en los esquemas clasificatorios y códigos propios –personales, familiares, grupales, organizacionales, etc.

El lenguaje suele ser un lenguaje propio, ad-hoc, desarrollado a partir de la nomenclatura, la normatividad y la codificación particulares de cada emisor y su contexto personal, familiar, grupal, organizacional, etc. Se apoya en las funciones fática y metalingüística (Jakobson, 1960) o meta-código del lenguaje.

Esta comunicación, sin embargo, está acotada tanto por un vocabulario particular propio, como por esquemas de clasificación de la información que generan un conjunto de conceptos, etiquetas y esquemas a utilizar para comprender, analizar, situar y procesar la información, por la que tanto ésta como el mundo en general tienden a ser percibidos en términos de esos esquemas, etiquetas y conceptos particulares (March y Simon 1958: 164-165).

Esta práctica no se limita, de ninguna manera, sólo a las organizaciones, sino que se repite en todo grupo familiar o social; en toda cultura y subcultura distintiva: La percepción del mundo y su comunicación correspondiente quedan circunscritos al conjunto de esquemas y conceptos particulares de esa cultura (Ortega, 2016).

Al etiquetar y, por lo tanto, clasificar, estos esquemas y conceptos particulares pueden ser tan amplios o tan estrechos como se quiera, desde 'conservador' o 'de izquierda'; médico o paciente; padre o hijo; etc. hasta códigos familiares de cariño o regaño que sólo los miembros muy cercanos de la familia pueden utilizar, aunque los conozcan otros miembros menos cercanos.

El documentar tampoco se limita a guardar en un expediente. Implica expresiones tales como: "como te dije el lunes", "si recuerdas, esto había pasado antes", etc. Su función no siempre es ayudar a recordar, sino documentar, dejar constancia de que se había tocado el tema.

El atender el código o el canal puede implicar expresiones como "no hablo español"; "¿me puedes repetir?"; "no te entendí"; "¿qué quieres decir con 'involucrado'?"; etc.

En ninguno de los casos se está aportando información nueva o adicional a lo ya manejado; simplemente se está situando, aclarando, etiquetando o documentando sin modificar el cúmulo de información manejado.

La comunicación política

En la dimensión política la comunicación es sinónimo de *manipulación* y está centrada en el manejo de la información para la construcción de una realidad potencialmente alterna.

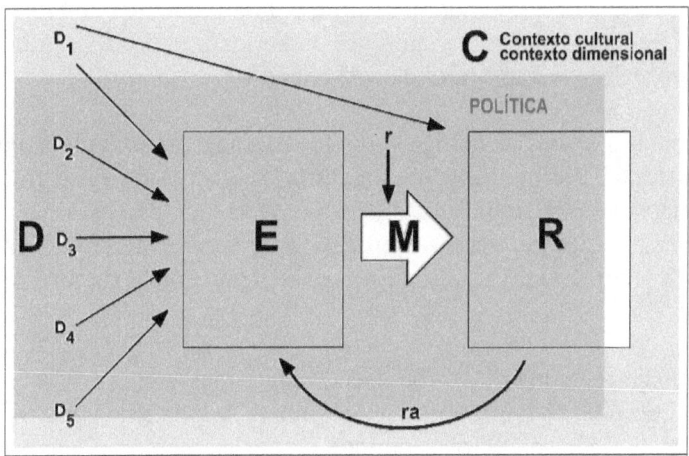

Centrada en el poder, la dimensión política contempla la comunicación como una más de las herramientas a utilizar para el mantenimiento o acrecentamiento de ese poder.

Como la información es poder, la dimensión política busca su control, tanto a partir de sus fuentes, como de los canales de información o, en su defecto, la cercanía con la fuente informativa y la inclusión en sus redes o canales.

La comunicación es uno de los instrumentos más importantes para la manipulación. La información se administra a través de su difusión en versiones incompatibles o contradictorias; su parcialización; su omisión; el control de su enfoque; el desmentido; el control de sus canales formales o informales; y hasta del uso mismo del rumor.

Por ello, la comunicación en esta dimensión puede aparecer con visos de comunicación racional, personal, estructural, simbólica, etc. en la medida en que éstas puedan contribuir al mantenimiento o acrecentamiento del poder.

En esta dimensión se evita a toda costa comprometerse –especialmente de manera documental– con posturas que no permitan la ambigüedad o el desmentido posterior, porque toda definitividad como toda certidumbre implica una pérdida potencial de poder.

A medida que las tecnologías de la información dificultan con su inmediatez e informalidad la estructuración y revisión *previas* de los contenidos de la comunicación, se han desarrollado procesos de control *posterior* a través de una re-significación de la comunicación por parte de un vocero corrector, re-intérprete, *intérprete a posteriori* o *spin-doctor*.

El lenguaje maximiza la ambigüedad para poder permitir –en caso de ser necesario en el futuro– una reinterpretación todo lo diferente que se requiera o, incluso, el desmentido. O por el contrario, etiquetar y estigmatizar para no dejar dudas.

Buscando la contundencia, la comunicación política exhibe una fuerte tendencia a los extremos absolutos y una gran incapacidad para matices y sutilezas

La información es poder en todos los ámbitos de la vida.

Quizás el bautizar a esta dimensión como política haga pensar que sólo se aplica al ámbito ciudadano. No.

Se aplica en todas las instancias y en todos los ámbitos: Por ejemplo, un vendedor y un comprador manejan su poder manteniendo en secreto la cantidad de dinero que estarían dispuestos a aceptar y a ofrecer, respectivamente.

Mientras se van conociendo, un muchacho y una muchacha buscan esconder cuánto les gusta o aman al otro para no debilitarse, llegando al extremo de pretender que lejos de amarla o amarlo, les es indiferente. Y esta postura –esta manipulación– se va cuidadosamente administrando hasta el momento que resulte conveniente.

Entre mayor sea la asimetría real o percibida de afectos mayor el poder potencial de uno sobre el otro. Y si el noviazgo concluye en matrimonio la relación resultante de poder podrá determinar la naturaleza de la relación subsecuente.

En general, el no tener *toda* la información genera incertidumbre y la incertidumbre es la base de la dimensión política.

Y, como se ha visto, esto puede darse en la vida personal y en la vida ciudadana; en la vida familiar, social o laboral; en el noviazgo y en el comercio; en la relación entre un niño sus padres –especialmente cuando intercambia ese buen comportamiento que sus padres quieren, por los regalos o los permisos que busca obtener a cambio; etc.

La comunicación simbólica

En la dimensión simbólica la comunicación es sinónimo de *realidad significante* y está centrada en el ofrecimiento o el intercambio de palabras, imágenes, objetos que a un tiempo son y significan no desde una perspectiva analítica sino sintética.

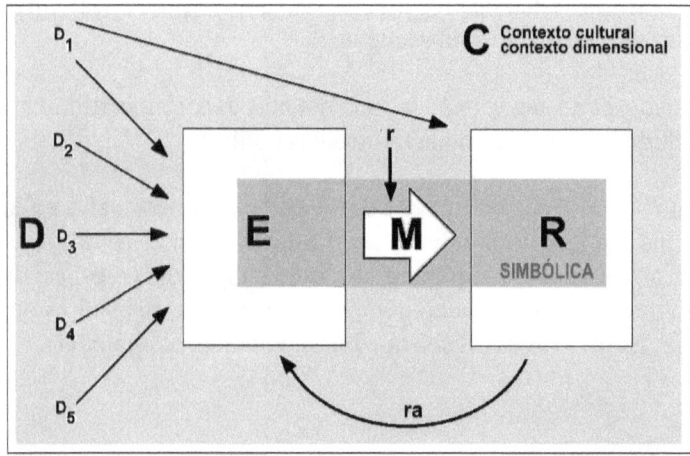

Las palabras no quieren decir, son. Se convierten en un objeto directamente significante. Lo mismo sucede con imágenes y cosas: Son la realidad que significan. No apuntan a algo externo ni son ideas, sino concreciones cuya totalidad simboliza y comunica

En ese sentido, la comunicación simbólica ni informa ni expresa ni documenta ni manipula: Vuelve la realidad concreta.

La comunicación es uno de los ritos especialmente importantes para esta dimensión y puede darse de diversas maneras tales como parlamentos petrificados o alusiones a figuras paradigmáticas concretas.

Los parlamentos petrificados pueden incluir oraciones religiosas o fórmulas mágicas que se dicen siempre exactamente con las mismas palabras.

Una modificación en las palabras implica ruptura, cambio de dimensión –como sucedió cuando el Concilio Vaticano II de los años sesenta del siglo pasado modificó los rezos y oraciones en la religión católica. La ruptura de la comunicación simbólica obligó, así, al traslado –por momentáneo que se quiera– a la dimensión racional; a reparar de pronto que las palabras eran palabras e ideas y no significados inmediatos concretos.

La comunicación simbólica también incluye conversaciones cotidianas rituales en las que los parlamentos contribuidos por cada una de las partes son siempre los mismos: "¿Cómo estás?" "Muy bien gracias y tú (o usted)?"; "¿Todo bien? "Todo bien"; "¿Dándole?" "dándole"; etc.

El "¿cómo estás?", por ejemplo, aunque tenga la sintaxis de una aparente pregunta lo último que busca es información o un parte médico –que de darse provocaría una ruptura. Sólo se espera el "muy bien gracias ¿y tú (o usted)? como una confirmación de la estabilidad y confiabilidad del mundo.

Estas fórmulas prescriben rigurosamente tanto un contenido y un tono particulares 'apropiados'.

Las alusiones a figuras paradigmáticas concretas, por su parte, comunica ilustrando cualidades y comportamientos ejemplares igualmente de manera sintética. Evita la enumeración de las partes y pasa directamente al todo.

La comunicación simbólica es una comunicación sintética en el sentido de que, en contraposición con la comunicación racional y analítica, comunica el mensaje de manera sumaria o total en una sola imagen completa, como puede lograrlo la metáfora., y por lo tanto, indirectamente y apoyada en la alegoría, la parábola, el símbolo o la concreción del ejemplo.

En suma, la comunicación simbólica deja de ser un intercambio de información para convertirse en un monólogo o diálogo estereotipado; en un ritual lingüístico en el que las palabras dejan de ser signos para convertirse en realidad concreta.

En la dimensión simbólica el lenguaje *es* lo que significa. El amor deja de ser una idea o una palabra para convertirse en el sentimiento mismo. Cuando la palabra deja de pronunciarse y repetirse parecería no que una palabra está ausente porque ha dejado de decirse, sino que se acabó el amor.

Aunque se mantenga la misma idea, en esta dimensión, un mero cambio de la palabra exacta y esperada interrumpe la comunicación.

Al convertirse en realidad concreta en vez de verse simplemente como signos, ideas o pensamientos, el lenguaje y las palabras adquieren una naturaleza cuasi mágica, por lo que hay expresiones que muchas personas evitarán por miedo a invocar lo que significan (enfermedad, muerte, mala suerte, etc.) o, por el contrario, por tentar al destino invitando a que pasen por negarlas ("nunca he chocado el auto en mi vida", "siempre, siempre regresa", etc.) (Ortega, 2017:117).

Un proceso semejante es sucede con la obra literaria. Las palabras crean su propia realidad independiente y autónoma; y lo que se dice, no puede decirse de otra manera, sería una obra distinta.

A pesar de ser una creación simbólica, la obra literaria no es, sin embargo, un evento de comunicación simbólica. El autor y el lector no forman nunca parte del mismo evento comunicativo.

Si en una primera instancia el autor llegara a verse como el emisor, la obra literaria misma, y no el lector, sería el único receptor.

Una vez creada, esa obra literaria como objeto autónomo y ya sin la menor relación con las intenciones del autor se constituye en el objeto de atención al que –por su propia iniciativa– se acerca el lector; y es, precisamente en ese punto de encuentro entre ambos en que se genera el significado (Rosenblatt, 1938; Iser, 1978).

Cada lector es quien, finalmente, determina en cada lectura, su significación última, que en cada caso podrá variar.

La comunicación dimensional

Estas cinco dimensiones se integran de múltiples y diversas maneras en un mismo mensaje. Están siempre presentes, aunque alguna o algunas puedan predominar por sobre las otras, dependiendo de la naturaleza del evento comunicativo.

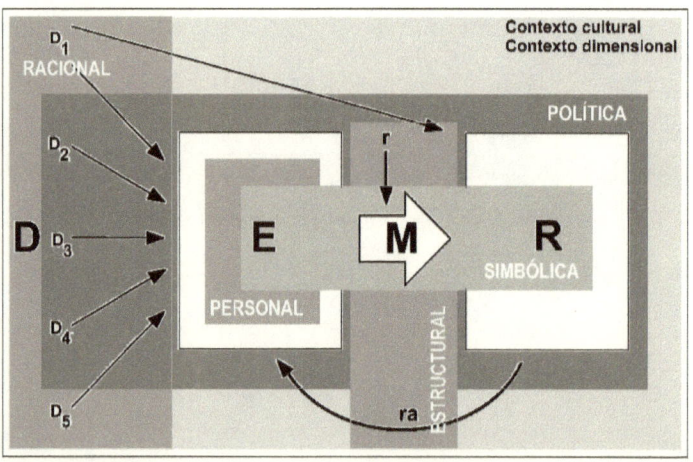

La manera en la que finalmente se integran las cinco dimensiones le confiere a cada mensaje un *perfil dimensional* propio.

El mensaje podrá aparecer como predominantemente racional, personal, estructural, político y simbólico.

Perfil dimensional del mensaje

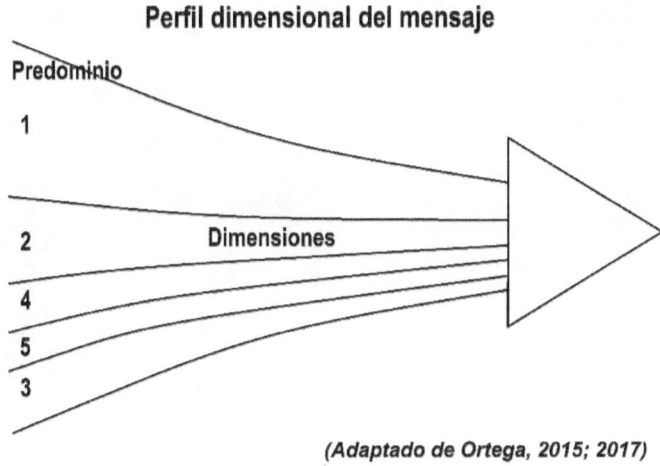

(Adaptado de Ortega, 2015; 2017)

Pero el mensaje tiene, como se ha dicho, tres momentos diferentes: El momento de codificación y emisión; el mensaje en transmisión, ya independiente del emisor, pero aún sin alcanzar al receptor; y el mensaje recibido y decodificado e interpretado por el receptor.

El primer momento concluye con la emisión del mensaje.

El segundo momento puede tener a los hermeneutas ocupados por años o por siglos, como ha sucedido especialmente con mensajes religiosos y legales en los que ha parecido necesario llegar a un consenso en torno al significado del mensaje.

Una falta de consenso no impide, sin embargo, que receptores individuales a lo largo del tiempo, de manera personal, hayan determinado para ellos y para ese momento, el significado final, que podrá variar en cada encuentro.

El tercer momento se da, precisamente, en ese encuentro entre mensaje y receptor y puede repetirse tantas veces como se den los encuentros.

Y su perfil resultante y su significado final podrán ser diferentes en cada uno de esos encuentros.

3.4 El receptor

Significativa e independientemente de los objetivos y las intenciones originales del emisor, es el receptor quien finalmente configura la función lingüística y el *perfil dimensional* resultantes del mensaje.

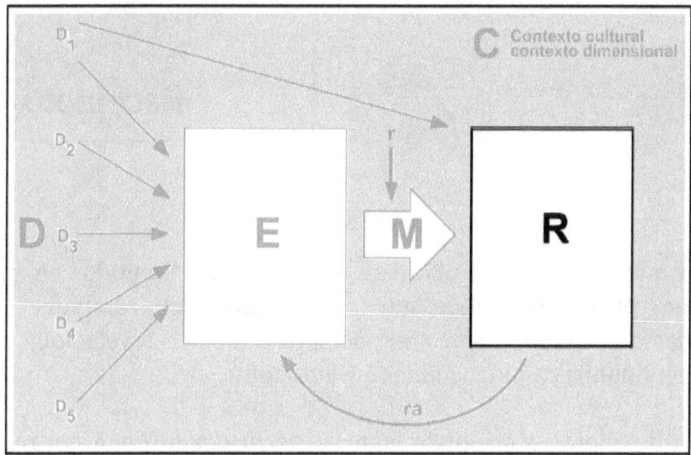

Es el receptor quien puede tratar una comunicación personal (función emotiva) como si fuera predominantemente racional (función referencial); una comunicación política (función conativa), como si fuera personal (función emotiva); una comunicación simbólica (función poética), como si fuera racional (función referencial); o una comunicación racional (función referencial) como si fuera revelación (función poética); etc.

Ello depende tanto del abordaje inicial como del marco interpretativo operante en el receptor en el momento mismo de la recepción.

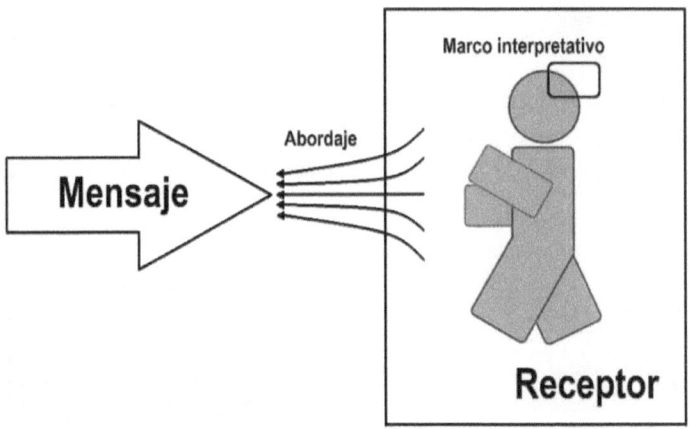

Por lo que se refiere al abordaje, como se ha discutido, un mismo mensaje puede ser abordado –por parte del receptor– como información, como expresión personal, como revelación, como creación lingüística independiente y autónoma, etc.

El tipo de abordaje responde tanto al *perfil dimensional* del receptor como al momento específico de su historia personal.

Por lo que se refiere al marco interpretativo, el receptor decodifica el mensaje con los elementos adicionales circunstanciales del momento y que para el receptor constituyen parte integral del mensaje con su marco interpretativo particular, producto de su *perfil dimensional*.

Los elementos circunstanciales pueden ser la imagen –creada en ese momento o adquirida previamente– que se tenga del emisor, su forma personal de transmitirlo –su acento, incluyendo, en su caso, acentos reveladores de regionalidad, nivel educativo, estatus socioeconómico, extranjería– o manierismos particulares del emisor; y el momento, la situación, la forma y el contexto vital en el que se genera la comunicación –todo ello decodificado con el marco particular del receptor.

El *perfil dimensional* del receptor es producto de su historia personal y se refiere precisamente al itinerario de vida particular del receptor, sus experiencias previas, sus lecturas, etc., incorporadas e internalizadas de acuerdo con los valores, premisas y supuestos de su propia cultura.

Este marco interpretativo se va aproximando al mensaje a la luz del abordaje inicial y haciendo una serie de interpretaciones tentativas a partir de cada elemento significativo del mensaje con el que se van encontrando (Gadamer, 1975).

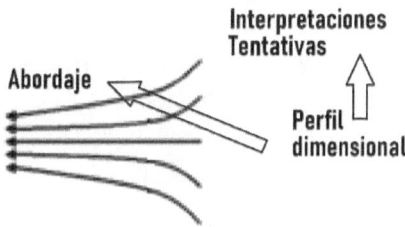

Estas interpretaciones van generando círculos concéntricos que se van ampliando a medida que se incrementan los elementos significativos del mensaje, hasta alcanzar finalmente el significado del mensaje como un todo.

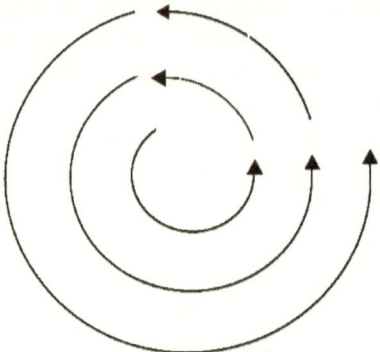

Proceso de construcción de significado

Es decir, el receptor proyecta para sí un significado del mensaje como un todo tan pronto como aparece el primer elemento significante.

A medida que van apareciendo más elementos significantes, el receptor va revisando y modificando esos significados tentativos hasta alcanzar su significado final (Gadamer, 1975) al concluir el mensaje.

Tanto el abordaje inicial como las interpretaciones tentativas y la interpretación final del mensaje dependen de la cultura personal del receptor, plasmada en su *perfil dimensional* particular; así como del momento en la historia personal del receptor en que tienen lugar.

Un mismo mensaje puede tener diferentes significados para el mismo receptor en cada uno de los encuentros que puedan tener.

Y esto sucede no sólo con los mensajes documentados por un texto o un escrito sino aún para los mensajes orales que se pensaría desaparecen una vez pronunciados: Al recordar mentalmente ese mensaje, el receptor puede encontrar significados diferentes en momentos diferentes.

Debe hacerse notar que, si bien los abordajes y las interpretaciones tentativas responden al *perfil dimensional* del receptor, hay una tendencia generalizada en el primer momento de cada una de las interpretaciones tentativas, a utilizar inicialmente la dimensión racional para intentar la interpretación, independientemente de si esta dimensión predomina o no en el perfil personal.

La noción de racionalidad en los mensajes y en los comportamientos es un principio explicativo tan poderoso porque puede darle sentido a un gran número de hechos empíricos sobre el comportamiento de la gente y sus mensajes, en términos de unos cuantos supuestos básicos en torno a las metas o los objetivos que buscan lograr (Harsanyi 1966).

No deja de ser paradójico que, independientemente de su *perfil dimensional*, una persona primero emplee la dimensión racional para ver e interpretar el comportamiento y los mensajes ajenos.

Pero es precisamente por ese "principio explicativo tan poderoso" para dar cuenta de un sinnúmero de hechos concretos por lo que, independientemente del propio *perfil dimensional*, el primer intento de las personas para interpretar y explicarse comportamientos y mensajes ajenos tiende a utilizar inicialmente la dimensión racional.

Se trata, sin embargo, solamente del primer intento. A partir del significado inicialmente generado por la dimensión racional, el *perfil dimensional* personal lo inserta en sus estructuras significantes y acaba por interpretarlo finalmente de acuerdo con las premisas, supuestos y valores de este perfil.

Este significado final del mensaje, potencialmente variable de acuerdo con el momento y la historia personal del receptor, queda, como se ha visto, exclusivamente en función del receptor y del *perfil dimensional* de éste.

Aunque apoyado en los elementos realmente contenidos en el mensaje, intencionados o no, el significado final depende del receptor y es totalmente independiente de las intenciones originales con las que el emisor haya codificado el mensaje.

Como se ha dicho, existirá un mayor potencial de correspondencia significativa entre lo emitido por el emisor y lo recibido por el receptor en la medida en que en el *perfil dimensional* del mensaje mismo (perfil de transmisión) predominen las dimensiones racional y estructural.

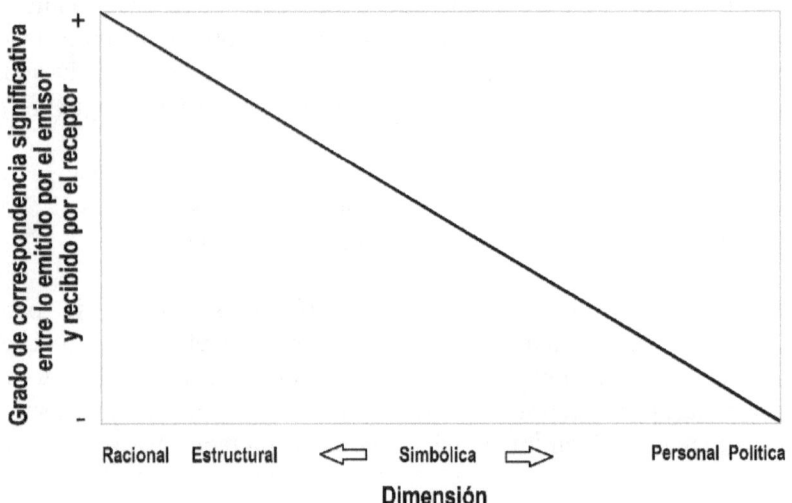

Esta correspondencia disminuirá en la medida en que predominen en el mensaje las dimensiones personal y política.

Cuando en el mensaje predomine la dimensión simbólica el grado de correspondencia dependerá del grado en el que se comparte el mismo mundo simbólico. Si éste es el mismo para ambos la concordancia significativa será muy alta; si son distinto, muy baja.

En todos los casos, siempre será el receptor quien le confiera el significado último al mensaje, independientemente de las intenciones originales del emisor.

Con ello, el modelo reconfigura el modelo tradicional de la comunicación al colocar, ahora, al receptor como la figura central del proceso comunicativo, al ser el receptor quien finalmente permita que el mensaje alcance toda su significación.

3.5 *El modelo y la realidad*

Es indispensable destacar que una es la realidad y otra es la manera de abordarla y estudiarla.

Es evidente que la comunicación humana tiene mucho de subjetivo, pero, al estudiarla, se requiera que esa subjetividad en la realidad sea analizada y comprendida con toda la objetividad que exige el rigor académico.

El replanteamiento radical aquí propuesto conduce a reconocer que el receptor –con toda su subjetividad personal– es, en última instancia, quien determina el significado final de un mensaje.

Es decir, la comunicación humana culmina en un acto de interpretación y de significación en potencia altamente subjetivo.

Y aunque esa subjetividad –dependiendo de sus contenidos– pueda disminuirse en los mensajes racionales y estructurales; aumentarse en los mensajes personales y políticos; y pueda acotarse con la retroalimentación posterior; esa subjetividad nunca desaparece.

Este reconocimiento no implica, de ninguna manera, que la forma de aproximarse a esa realidad y de estudiarla sea igualmente subjetiva.

Por el contrario, como se ha visto a lo largo del libro, se busca que la manera de estudiarla sea rigurosamente objetiva y se apoye en marcos teóricos precisos.

El ser humano en tanto emisor disminuye su objetividad aún en los mensajes totalmente racionales y referenciales con tal de disminuir la incertidumbre.

Ese mismo ser humano, en tanto receptor, decodifica e interpreta esos mensajes de manera que tengan significado y sentido en su propia realidad humana y subjetiva.

El reconocerlo no le disminuye objetividad a la observación ni al estudio subsecuente.

En esa subjetividad puede comunicarse la riqueza creativa del ser humano sin que le impida transmitir datos y hechos de manera fidedigna.

"A través del tiempo, antes y ahora, la comunicación no ha sido sino un puente tendido por el ser humano para llegar al ser humano. Puentes humanos, como el juglar original; puentes impresos, como el periódico y los libros; puentes electrónicos como la radio, la televisión" y las redes sociales; "puentes todos para llevar al ser humano a encontrarse con el ser humano" (Ortega, 1975:iii).

Bibliografía

Brooks, Cleanth. 1979. "The New Criticism" *The Sewanee Review*, 87, 4 (otoño): 592-607.

Cameron, Kim S. y Robert E. Quinn. 2006. *Diagnosing and Changing Organizational Culture.* San Francisco: Jossey-Bass.

Cherry, Colin. 1957. *On Human Communication.* Cambridge, MA: MIT Press & John Wiley.

Condon, John C. y Fathi S. Yousef. 1979. *An Introduction to Intercultural Communication.* Indianapolis: Bobbs-Merrill.

Culler, Jonathan. 1997. *Literary Theory.* Nueva York: Oxford University Press.

Deal, Terrence, E. y Allen A. Kennedy. 1984. *Corporate Cultures* Reading, MA: Addison-Wesley.

Deutsch, Karl W. 1951. "Mechanism, Teleology, and Mind" *Philosophy and Phenomenological Research* 12:185-222.

Deutsch, Karl W. 1952. "On Communication Models in the Social Sciences" *Public Opinion Quarterly* 16, 3 (otoño):356-380.

Dorsey, John T. Jr. 1957. "A Communication Model for Administration" *Administrative Science Quarterly* 2, 3 (diciembre):307-324.

Fayol, Henri. 1916/1949. **General and Industrial Administration.** Nueva York: Pitman.

Fish, Stanley. 1980. *Is There A Text in This Class.* Cambridge, MA: Harvard University Press

Gadamer, Hans-Georg. 1975. *Truth and Method*. Nueva York: Continuum.

Giffin, Kim. 1967. "The contribution of studies of source credibility to a theory of interpersonal trust in the communication process" *Psychological Bulletin, 68*(2), 104–120.

Giles, Howard y Peter F. Powlesland. 1975. *Styles and Social Evaluation.* Londres: Academic Press.

Giles, Howard y Peter F. Powlesland. 1997. "Accommodation theory" *A Sociolinguistics Reader* Compilado por N. Coupland y A. Jaworski. Macmillan: Basingstoke, Inglaterra: 232-239.

Gluszek, Agata y John F. Dovidio. 2010. "The Way *They* Speak: A Social Psychological Perspective on the Stigma of Non-Native Accents in Communication". *Personality and Social Psychology Review.* 14 (mayo): 214-237.

Harsanyi, John. 1966. "Some Social Science Implications of a New Approach to Game Theory." In *Strategic interaction and conflict; original papers and discussion*, Edited by Kathleen Archibald. Berkeley: University of California.

Hockett, Charles Francis. 1958. *A Course in Modern Linguistics*. New York, Macmillan.

Hofstede, Geert. 1978a. *Organization-Related Value Systems in Forty Countries.* Bruselas: European Institute of Advanced Studies in Management (Documentos de trabajo 78-22) (mayo).

Hofstede, Geert. 1978b. *Value Systems in 40 Countries: Interpretation, Validation and Consequences for Theory.* Bruselas: European Institute of Advanced Studies in Management (Documentos de trabajo 78-41) (julio).

Hofstede, Geert. 1980. *Culture's Consequences. International Differences in Work-Related Values.* Beverly Hills, CA: Sage

Iser, Wolfgang. 1974. *The Implied Reader. Patterns of Communication in Prose Fiction from Bunyan to Beckett.* Baltimore: The Johns Hopkins University Press.

Iser, Wolfgang. 1978. *The Act of Reading: A Theory of Aesthetic Response.* Baltimore: The Johns Hopkins University Press.

Iser, Wolfgang. 2000. "Do I Write for an Audience?" *PMLA*, 115: 3 (mayo), 310-314.

Jakobson, Roman. 1960. "Linguistics and Poetics" *Styles in Language.* Compilado por Thomas Sebeok. Cambridge, MA: MIT Press (págs. 350-377).

Jauss, Hans Robert. 1982. *Toward an Aesthetic of Reception.* Minneapolis: University of Minnesota Press.

Kluckhohn, Clyde. 1944. *Mirror for Man.* Greenwich, CT.: Fawcett

Kluckhohn, Clyde. 1961. "Notes on Some Anthropological Aspects of Communication" *American Anthropologist*, 63, 5, (octubre): 895- 910.

Kroeber, Alfred Louis y Clyde Kluckhohn. 1952. "Culture. A Critical Review of Concepts and Definitions" *Papers of The Peabody Museum of American Archeology and Ethnology, Harvard University*, XLVII, 1.

Lev-Ari, Shiri y Boaz Keysar. 2010. "Why don't we believe non-native speakers? The influence of accent on credibility". *Journal of Experimental Social Psychology.* 46, 6, (noviembre):1093–1096.

Likert, Rensis. 1967. *The Human Organization: Its Management and Value.* Nueva York: McGraw-Hill.

March, James G. y Herbert A. Simon. 1958. *Organizations.* Nueva York: Wiley.

Mayo, George Elton. 1933. *The Human Problems of an Industrial Civilization*. New York: Macmillan.

Mintzberg, Henry. 1979. *The Structuring of Organizations.* Englewood Cliffs, NJ: Prentice-Hall.

Neuliep, James W. 2020. *Intercultural Communication. A Contextual Approach.* Los Angeles: SAGE.

Neuliep, James W., y Kendall M. Speten-Hansen. 2013. "The influence of ethnocentrism on social perceptions of nonnative accents" *Language & Communication*, 33(3): 167-176.

Newstrom, John W. y Edward E. Scannell. 1980. *Games Trainers Play.* Nueva York: McGraw-Hill.

Ortega, Mariano. 1975. "Bienvenida" *Memoria del I Simposium Internacional de Ciencias de la Información.* Monterrey: Universidad de Monterrey.

Ortega, Mariano. 1982. "Dimensiones organizacionales. Hacia una comprensión del comportamiento organizacional" *Bases para la administración de instituciones educativas.* Compilado por M. Ortega, M. Mancebo, E. Nieto, L. González y R. Thán. Querétaro: Ciidet. (págs. 16-54).

Ortega, Mariano. 2015. *Dimensiones del comportamiento y la cultura organizacionales.* Querétaro: Cedesa.

Ortega, Mariano. 2016. *La cultura organizacional.* Querétaro: Fomeq.

Ortega, Mariano. 2017. *To Be or Not To Be. A Map of Human Behavior.* Querétaro: Fomeq.

Ortega, Mariano. 2018. *Liderazgo absoluto: Ruptura y renovación de premisas y de prácticas.* Querétaro: Fomeq.

Pace, R. Wayne; Robert R. Boren y Brent D. Peterson. 1975. *Communication Behavior and Experiments: A Scientific Approach.* Belmont, CA: Wadsworth.

Porter, Richard E. 1972. "An Overview of Intercultural Communication" *Intercultural Communication: A Reader.* Compilado por Larry A. Samovar y Richard E. Porter. Belmont, CA: Wadsworth (págs. 3-18).

Rogers, Everett M. y Rekha Agarwala-Rogers. 1976. *Communication in Organizations.* Nueva York: The Free Press.

Rosenblatt, Louise Michelle. 1938. *Literature as exploration.* New York: Appleton-Century.

Rosenblatt, Louise Michelle. 1978. *The reader, the text, and the poem: The transactional theory of the literary world.* Carbondale, IL: Southern Illinois University Press.

Rowe, William. 1999. "La regionalidad de los conceptos en el estudio de la cultura" *Revista de crítica literaria latinoamericana* 25(50), 165-172.

Samovar, Larry A. y Richard E. Porter. 1972. *Intercultural Communication: A Reader.* Belmont, CA: Wadsworth.

Schein, Edgar Henry. 1984. "Coming to a New Awareness of Organizational Culture" *Sloan Management Review,* 25, 2 (invierno):3-16.

Schein, Edgar Henry. 1985. *Organizational Culture and Leadership.* San Francisco: Jossey-Bass.

Shannon, Claude E. 1948. "A Mathematical Theory of Communication" *The Bell System Technical Journal* XXVII, 3 (julio): 379-423.

Shannon, Claude E. y Warren Weaver. 1949/1963. *A Mathematical Theory of Communication.* Champagne-Urbana: University of Illinois Press.

Simon, Herbert A. 1947. *Administrative Behavior.* Nueva York: Macmillan.

Simon, Herbert A. 1957. *Models of Man, Social and Rational.* Nueva York: John Wiley.

Stohl, Cynthia. 1995. *Organizational Communication. Connectedness in Action.* Thousand Oaks, Ca: SAGE.

Sullivan, Richard R. 1989. *Political Hermeneutics. The Early Thinking of Hans-Georg Gadamer.* University Park, PA: Pennsylvania State University Press.

Taylor, Frederick. 1911. **The Principles of Scientific Management.** Nueva York: Norton.

Thayer, Lee. 1963. "On Theory Building in Communication: Some Conceptual Problems" *Journal of Communication,* 13 (diciembre): 217-235.

Thompson, James David. 1967. *Organizations in Action.* Nueva York: McGraw-Hill.

Tinianov, Iuri. 1975. *El problema de la lengua poética.* Buenos Aires: Siglo Veintiuno.

Todorov, Tzvetan. 1971. *Literatura y significación.* Barcelona: Planeta.

Todorov, Tzvetan (Antólogo). 1978. *Teoría de la literatura de los formalistas rusos.* México: Siglo Veintiuno.

Tylor, Edward Burnett. 1871. *Primitive Culture. Researches into the Development of Mythology, Philosophy, Religion, Language, Art, and Custom.* Londres: John Murray.

Westley, Bruce H. y Malcolm S, MacLean Jr. 1957. "A Conceptual Model for Communications Research" *Journalism Quarterly* 34, 1 (Primavera):31-38.

White, Leslie Alvin. 1959. "The Concept of Culture" *American Anthropologist*, 61, 2 (abril): 227-251.

Wimsatt, William Kurtz Jr. y Monroe Curtis Beardsley. 1946. "The Intentional Fallacy" *The Sewanee Review*, 54, 3 (julio-septiembre): 468-488.

Comunicación
Un replanteamiento radical

de Mariano Ortega
se acabó de imprimir
el 3 de mayo de 2020

fomeq
fomento educativo de querétaro